Barbara Tóth
Stiefmütter

Barbara Tóth

Stiefmütter

Leben mit Bonuskindern

Residenz Verlag

Bibliografische Information der Deutschen Nationalbibliothek
Die Deutsche Nationalbibliothek verzeichnet diese Publikation in der Deutschen Nationalbibliografie; detaillierte bibliografische Daten sind im Internet über http://dnb.dnb.de abrufbar.

www.residenzverlag.at

Umschlaggestaltung: BoutiqueBrutal.com
Typografische Gestaltung, Satz: Lanz, Wien
Lektorat: Josef Weilguni
Gesamtherstellung: CPI books GmbH, Leck

ISBN 978 3 7017 3439 9

Inhalt

1. Prolog

Stiefmutter! Alleine schon das Wort weckt schaurige Assoziationen. Neidisch, missgünstig, bösartig, niederträchtig und gemein sind die Stiefmütter in den Märchen der Gebrüder Grimm. Die erste, die nach dem Tod der leiblichen Mutter mit ihren zwei Töchtern ins Haus eines reichen Mannes einzieht, lässt ihre Stieftochter Erbsen und Linsen auszählen, damit das arme Kind, Aschenputtel gerufen, es nicht rechtzeitig auf den Ball des Prinzen schafft. Die zweite, eine Königin, ist voller Eifersucht auf ihre wunderschöne Stieftochter Schneewittchen, deren Mutter bei der Geburt gestorben ist, und fragt ängstlich ihr Spieglein, ob sie eh die Schönste im ganzen Land sei. Die dritte überredet ihren Mann, einen armen Holzfäller, seine Kinder Hänsel und Gretel alleine im Wald auszusetzen und der bösen Hexe im Knusperhäuschen auszuliefern.

Ach, das sind doch nur Märchenfiguren, könnte man sagen. Sie stammen aus einer Zeit, als Frauen im Kindbett häufig starben und Witwer aus ganz pragmatischen, ökonomischen Gründen schnell eine neue Frau ins Haus holen mussten. Aber die Bilder, die diese Erzählungen bis heute in uns wecken, sitzen tief in unserem kollektiven Gedächtnis und lassen uns bis heute Mütterrollen festgefahrener erleben als in anders geprägten Kulturen, etwa in Frankreich. In der analytischen Psychologie Carl Gustav Jungs ist die Stiefmutter beispielsweise eine von mehreren Varianten des Mutter-Archetyps.

Ambivalente Mutter-Gottheiten gibt es in vielen Kulturen. Die Römer kannten die Parzen, die nordische Mythologie die Nornen, die alten Griechen die Moiren. Sie treten als Schicksalsgöttinnen auf, die beschützend und verschlingend zugleich sein können. In der ursprünglichen Version von Hänsel und Gretel war es noch die leibliche Mutter, die den Vater überredete, die Kinder in den Wald zu schicken. Später wurde sie durch die gemeine Stiefmutter ersetzt. Speziell in der deutschen Literatur- und Kulturgeschichte hielt sich sehr lange das durch und durch gute, überhöhte Mutterbild und als seine Kehrseite die böse Stiefmutter als Fremde, Tyrannin, Familieneindringling, die ihr Wohl vor das der nicht leiblichen Kinder stellt und ihnen den Vater entfremdet.

Stiefmütter haben, um es neumodisch zu formulieren, ein echtes Imageproblem. Ihr Ruf ist historisch belastet, immer noch miserabel und spiegelt nicht einmal in Ansätzen wider, was sie mittlerweile gesellschaftlich leisten. Die Stiefmutter, die an die Stelle der verstorbenen Mutter tritt, ist inzwischen selten geworden. Sie wird abgelöst von der Vollzeit-, Teilzeit-, Wochenend-, Lebensabschnitts- oder Stiefmutter fürs Leben.

Im Zeitalter der »postfamilialen Familien« ziehen immer mehr Frauen fremde Kinder groß, in den unterschiedlichsten Konstellationen, mal verbindlich, mal unverbindlich, mal auf Zeit, mal ein Leben lang.

Trotzdem gibt es über die Zahl der Stiefmütter in Deutschland und Österreich keine verlässlichen Statistiken. Aber nachdem in Deutschland wie in Österreich nahezu jede zweite Ehe (40 Prozent) geschieden wird und gut die Hälfte der geschiedenen Ehepaare minderjährige Kinder hat, lässt sich ahnen, wie breit das Phänomen Stiefmutterschaft inzwischen geworden ist. Die Statistik Österreich erhebt – anders als das deutsche Statistische Bundesamt – seit 2007 im Mikrozensus mittlerweile auch die Lebensform »Stiefkindfamilie«. Von den knapp 1,1 Millionen Familien in Österreich waren im Jahr 2017 80 400 Patchworkfamilien, also gut jede zwölfte. Bei Paaren mit Kindern unter 15 Jahren ist es fast schon jede zehnte Familie. 104 000 Kinder in Österreich wachsen in Patchworkfamilien auf. Der überwiegende Teil der Kinder bleibt in der Mamafamilie leben (fast

90 Prozent), nur zehn Prozent ziehen in die Papafamilie. Somit ist die Stiefvaterfamilie am häufigsten (48,7 Prozent), in der die leibliche Mutter und ein Stiefvater ohne gemeinsame Kinder zusammenleben. An zweiter Stelle steht mit 43,4 Prozent aber schon die »komplexe Stieffamilie«, bei der ein Partner ein Kind in die Familie mitbringt und ein gemeinsames Kind dazukommt. Während Scheidungszahlen gut dokumentiert sind, ist nach wie vor unbekannt, wie viele nicht verheiratete Paare ihre Partnerschaft jährlich beenden und wie viele Kinder von einer solchen Trennung betroffen sind. Studien aus dem deutschsprachigen Raum zeigen, dass nicht eheliche Paarbeziehungen ein höheres Trennungsrisiko aufweisen als Ehen. Die Zahl von Kindern, die in einer doppelt komplexen Stieffamilie aufwachsen, also vielleicht schon ihre zweite Stiefmutter oder den zweiten Stiefvater erleben, wächst mit Sicherheit.

Kein Wunder, dass sich Stiefmütter in so vielfältigen, bunten, zusammengewürfelten Familien nicht mehr »Stiefmutter« rufen lassen wollen. Das klingt nach gestern und alles andere als schmeichelhaft. »Stiefmutter« ist im Deutschen ein eindeutig negativ besetzter Begriff. Das Wort findet sich seit dem 8. Jahrhundert im Mittelhochdeutschen (»stiefmuoter«) und Althochdeutschen (»stiofmuoter«) und das »stief« bedeutet ursprünglich »beraubt«. Das mit Stiefmutter verwandte germanische Wort »Astypte« steht für »verwaist«, »steupa« heißt »abgestutzt«, »abgestumpft« oder »beraubt«. Im 17. Jahrhundert wird das Adjektiv »stiefmütterlich« schon mit den heutigen Bedeutungen assoziiert: hart, ungerecht, vernachlässigend, zurücksetzend. Der Duden kennt auch noch die Synonyme abweisend, barsch, eisig, frostig, gefühllos, herzlos, kühl, lieblos, ohne Liebe / Wärme, unfreundlich, unliebenswürdig; (abwertend) grob, rüde, achtlos, gleichgültig, nachlässig, nicht gewissenhaft / gründlich / sorgfältig, schlecht; (umgangssprachlich abwertend) schludrig.

»Stepmother« im Englischen hört sich auch nicht viel sympathischer an. Das italienische »matrigna« klingt da schon um einiges netter, auch wenn die Endung »-igna« einen abwertenden

Ton hat. Im Tschechischen gibt es mit »macecha« ebenfalls ein eigenes leicht pejoratives Substantiv.

Wie viel freundlicher klingt da das gebräuchlichste französische Wort für Stiefmutter, die »belle-mère«. Das Interessante an »la belle-mère« ist, dass der Begriff sowohl Stiefmutter als auch Schwiegermutter bedeuten kann; um Klarheit herzustellen, müsste man also präzisieren, ob es um die (zweite) Frau des Vaters, die Mutter des Ehemanns oder der Ehefrau geht. Die eigene Mutter nennt man im Französischen »maman«, man kann sie aber auch »belle-maman« nennen, was eine besondere Vertrautheit und Wertschätzung signalisieren kann, aber nicht muss. Ursprünglich war das vorangesetzte »belle« oder »beaux« ein Zeichen besonderer Höflichkeit und stammt aus dem Mittelalter. Für die böse, niederträchtige, gemeine Stiefmutter, wie wir sie aus Grimms Märchen kennen, gibt es im Französischen einen ganz eigenen, wenn auch veralteten Begriff. Sie wird »marâtre« genannt.

»Bist du jetzt meine Stiefmutter?«, diese Frage kennen Stiefmütter nur allzu gut. Sie kommt verlässlich nach der ersten Phase des Kennenlernens, wenn ihr Stiefkind versucht, eine Zuschreibung für die Neue an der Seite seines oder ihres Papas zu finden. Oft bleibt es dann bei »Papas Freundin«, weil sich Stiefmutter einfach verstaubt anhört oder zu ernst und andere Neologismen wie »Bonusmama« und »Zweitmama« doch ein wenig pädagogisch bemüht klingen. Außerdem ist ein Bonus etwas, das man umsonst bekommt, was schon gar nicht stimmig ist. »Beutemama« wiederum klingt vielen zu Recht martialisch, dabei schwingt im Wort – genauso wie beim »Beutekind« – eine feine Ironie mit, die einem im Patchworkalltag ohnehin nie ausgehen sollte.

Erfahrene, auf Patchworkfamilien spezialisierte Psychologinnen und Psychologen wie die Deutsche Katharina Grünewald raten in solchen im ersten Moment kniffligen Situationen übrigens dazu, die Frage erst einmal zurückzugeben und damit Raum zu schaffen, gemeinsam über das Verhältnis zueinander nachzudenken. »Wie magst du mich am liebsten nennen?« Kinder erfinden dann oft die fantasievollsten Varianten, von »Blumen-« über »Stadt-« oder »Land-« bis »Puppenmama«, je nachdem, was für sie gerade passt. Es muss ja auch nicht auf immer festgeschrieben sein. Meistens wird die Stiefmama am Ende einfach mit ihrem Vornamen angesprochen. Damit können viele Stiefmütter vermutlich am besten leben. Aber gleichzeitig spiegelt das Fehlen eines Begriffes wider, wie wenig Anerkennung unsere Gesellschaft ihrer Rolle immer noch gibt.

Man könnte auch sagen: Unsere Gesellschaft behandelt Stiefmütter stiefmütterlich. Und viele Stiefmütter behandeln in der Folge sich selbst stiefmütterlich. Was von der Außenwelt nicht wertgeschätzt wird, schätzt man selber als weniger wichtig ein. Stiefmütter treten ins Leben ihrer Stiefkinder und deren Vaters immer als die Zweite. Die Erste ist die leibliche Mutter. Sie lernen, mit dieser Kränkung umzugehen. Sie nehmen sich zurück, immer und immer wieder.

Wie viel ist seit den 1990er-Jahren nicht über das Leben in Patchworkfamilien geschrieben worden! Das war auch die Zeit, als sich »Patchwork« als moderner, durchaus mit einem gesellschaftspolitisch fortschrittlichen Ansatz verbundener Begriff für die altmodische »Stieffamilie« zu etablieren begann. Die Übersetzerin und Autorin Margaret Minker erfand ihn im Jahr 1990 für die deutsche Ausgabe von Anne Bernsteins Ratgeber »Yours, mine and ours. How families change when remarried parents have a child together«. Aus »Yours, mine and ours« wurde »Die Patchworkfamilie. Wenn Väter oder Mütter in neuen Ehen weitere Kinder bekommen«. Im Englischen ist der Begriff bis heute nicht gängig.

Darauf folgte eine publizistische Phase, in der die Patchworkfamilie zum neuen Ideal erhoben wurde. Als eine Art zeitgenössische Hippie-Kommune, in der alle fröhlich und einträchtig und vor allem total entspannt miteinander leben. Hollywood entdeckte das Thema und erfand das Genre der Patchworkkomödie. Auf den Hype rund um diese als neu empfundene Lebensform folgte die Abrechnung. Bücher wie Melanie Mühls »Die Patchworklüge«, die den Alltagshorror in diesen zusammengewürfelten Großfamilien beschrieben, sie als erledigt erklärten und stattdessen die klassische Kleinfamilie wieder hochhielten. Wie immer, wenn sich gesellschaftliche Strukturen auflösen und Sicherheiten verlorengehen, boomt die Selbstvergewisserungs- und Ratgeberliteratur. Für jeden Geschmack finden sich ein Autor und ein Werk. Es gab damals und gibt bis heute reichlich Bewältigungsliteratur zum Thema, wie Kinder unter der Trennung der Eltern leiden. Dazu kamen Ratgeber, wie die Elternbeziehung zum Ex oder zur Ex wieder klappt oder aus Stiefeltern »Bonuseltern« werden. Nur für Stiefmütter, die sich auf die Suche nach Ratgebern machen, die ihre spezielle Rolle zum Thema haben, die für sie, nur für sie geschrieben sind, nicht für die Kinder und Väter, bleibt die Literatur bis heute überraschenderweise sehr überschaubar. Deswegen soll dieses Buch einen kleinen Beitrag dazu liefern, dass sich das ändert. Es will Stiefmüttern jene Wertschätzung, jene Hochachtung zurückgeben, die sie im echten Leben noch nicht haben. Es will sich ihnen und ihrer Rolle widmen, ihre Perspektive einnehmen und den Begriff Stiefmütter zum Ehrentitel machen. Das passiert nämlich viel zu selten.

In den USA wird seit den Nullerjahren am dritten Sonntag im Mai, eine Woche nach Muttertag, Stiefmuttertag gefeiert. Das freut natürlich die Grußkartenindustrie, die die kreativsten »Happy Stepmothers Day«-Billetts im Angebot hat, viele davon mit selbstironischen Sprüchen wie »not by blood but by choice« oder »not all stepmothers are wicked«. Die Geschichte, wie es zum Stiefmuttertag kam, ist rührend – und taugt, ganz amerikanisch, zur Mythenbildung. Die damals neunjährige Lizzie Capuzzi kam auf die Idee, ihrer heißgeliebten Stiefmutter Joyce Capuzzi diesen Ehrentag zu schenken, weil sie den eigentlichen Muttertag immer mit ihrer leiblichen Mutter Patti Hutton und ihrem Stiefpapa Gerhard Hutton verbrachte. Also erklärte sie den dritten Mai-Sonntag zum »Stepmom-Day« für ihre – wie sie sie nennt – »Vize-Mom«. Gemeinsam mit ihr schrieb Lizzie auch einen Brief an den republikanischen Kongress-Abgeordneten Rick Santorum, in dem sie ihm vorschlug, den Tag zum landesweiten Feiertag zu deklarieren. So weit kam es zwar nicht, aber Santorum stellte die Idee am 11. Juli 2000 dem Kongress vor und sie ist seitdem auch im offiziellen »Congressional Record« nachzulesen.

Wie immer man zu solchen Feiertagsritualen steht: Dass Stiefmütter in Deutschland und Österreich noch nicht gefeiert werden, hat auch viel damit zu tun, wie altmodisch unsere Gesellschaft die Rolle der Mutter nach wie vor sieht. Aufopfernd, gebend, zurücksteckend, selbstlos soll sie sein. Der Ruhepol der Familie, die, die alles zusammenhält, die, die das Zuhause zu einem Hort der Geborgenheit und des Schutzes vor der Außenwelt macht. Das ist das ganz traditionelle Bild. Es wurde zuletzt erweitert um das Bild der arbeitenden Mutter als »Familienmanagerin«. Die, die alles checkt. Die alle Termine des Familienkalenders im Kopf hat, Einkäufe und Handwerker organisiert, dafür sorgt, dass der Haushalt beruhigend vor sich hin brummt, und nebenbei auch das Gesellschaftsleben organisiert, zwischendurch den nächsten Urlaubsflug bucht und selbstverständlich einspringt, wenn ihrem Stiefkind etwas passiert ist, es krank wird und der Vater unabkömmlich ist.

Von Stiefmüttern wird all das erwartet, und noch mehr. Stiefmütter sollen vor allem funktionieren, ihre Probleme sind erst einmal zweitrangig. Sie ist ja die, die sich auf das Abenteuer Patchworkfamilie bewusst eingelassen hat, schwingt da oft als leiser Vorwurf mit. Du hättest ja eine eigene Familie gründen können oder bei deinem alten Mann und der Familie bleiben können. Du wolltest doch diese neue Beziehung, mit dem Neuen, der Kinder hat, jetzt zeige, dass du es im Griff hast! Und jammere bloß nicht. Bei Scheidungen stehen die Kinder im Zentrum, sie sollen den Zusammenbruch ihrer ersten Familie möglichst unbeschadet überstehen. Während Kinder nach einer ersten Orientierungsphase sich oft erstaunlich schnell an neue Umgebungen und Konstellationen anpassen und auch sehr bald mit den unterschiedlichen Grenzen und Regeln in der Papa- und Mamafamilie umgehen können, bleibt es für Stiefmütter schwierig.

Auch schwieriger als für Stiefväter, von denen leider immer noch weniger erwartet wird beziehungsweise denen gerade in Deutschland und Österreich von Staats wegen weniger zugetraut wird. Sie sind es, denen nach einer Scheidung die Kinder leider nur für zwei Wochenenden im Monat zugesprochen werden und die damit zu Wochenend-Entertainment-Papis werden. Und deren neue Partnerinnen damit automatisch zu Rivalinnen um diese wenigen wertvollen Papastunden. Meistens sind sie es, die Vollzeit arbeiten und weniger Haus- und Familienarbeit übernehmen – und damit auch nicht mit der Herausforderung konfrontiert werden, ihren Alltag mit noch fremden Kindern zu bestreiten. Es sind die Stiefmütter, die diese neuen Mix-Familien zusammenhalten sollen, und in der Praxis tun sie das dann auch meistens mit viel selbstlosem Einsatz – oft zu selbstlos, wie es in diesem Buch noch öfter Thema sein wird.

Sie meistern dabei viel mehr Herausforderungen als Mütter in klassischen Familien. Sie werden oft ohne Aufwärmphase in ihre neuen Rollen geworfen. Sie sind die Partnerin ihres neuen Mannes, also gleichzeitig in einer noch frischen, lebendigen Liebespaarbeziehung, und mit einem Mal auch in einer Familienbeziehung. Sie sollen zu den Kindern ihres Partners eine tragfähige Beziehung aufbauen, was meistens impliziert, auch einen Weg zu dessen Ex zu finden und ihren Einfluss zu tolerieren. Hat die Stiefmutter eigene Kinder, wird sie dafür sorgen, dass auch deren Verhältnis zum Stiefvater und den Stiefgeschwistern klappt und auch ihr Ex, der Vater ihrer eigenen Kinder, seinen Platz in dieser komplexen Familienaufstellung findet. Oft kommen dann auch noch die Interessen und Wünsche der eigenen Eltern, Ex-Schwiegereltern und Neo-Stiefeltern dazu. Gab es in der Generation der Eltern bereits eine Trennung oder hat die Stiefmutter selbst oder ihr Partner schon mehr als eine Trennung hinter sich, wächst sich das ohnehin schon aufwendige Patchworken zur regelrechten Sippenpflege aus. Wie oft wurde das Ende der Großfamilie beklagt, in modernen Patchworkmustern lebt sie auf eine andere Art neu auf.

Daneben ist die Stiefmutter natürlich auch meistens berufstätig, denn sich selbst erhalten zu können ist für sie selbstverständlich. Sie ist ein Geschöpf der Post-Versorgungsehen-Ära. Die Vorstellung, einen Mann fürs Leben zu finden, der als Alleinverdiener die Familie versorgt, ist ihr fremd. Sei es aus grundsätzlichem, feministischem Prinzip oder eigener Erfahrung. Kaum jemand macht den Fehler ein zweites Mal, sich ganz auf seine Liebe zu verlassen, dafür alles, auch den Job, aufzugeben und bei einer Trennung dann auch noch beruflich ganz von vorn anfangen zu müssen. Damit hat die Stiefmutter von heute die Prinzipien der neoliberalen Wirtschaftsordnung internalisiert. Sie ist eigenständig, übernimmt Selbstverantwortung und sorgt sich um ihren Marktwert. Einerseits. Andererseits ist sie sehr solidarisch, ist sie doch bereit, Verantwortung für ihre neue Familie zu übernehmen und für sie zu sorgen und sich um sie zu kümmern.

Moderne Stiefmütter sind all das, aber eines ganz gewiss nicht: Frauen, die sich wie in den Märchen der Gebrüder Grimm in ein gemachtes Nest setzen und alle mit ihren Launen tyrannisieren. Sie brauchen sehr viel Feingefühl, ein hohes Maß an sozialer Kompetenz, pädagogisches Geschick und Geduld, um im Gefühle- und Beziehungsdickicht einer Patchworkfamilie zurecht zukommen. »Normale« Familien sind schon jede ein Universum für sich, wie ist es erst, wenn mehrere unterschiedliche Familienuniversen und -kulturen aufeinandertreffen und einen Kompromiss finden müssen.

Meistens fällt der Stiefmutter dann auch noch die undankbare Rolle der Infragestellerin und Aufbrecherin herkömmlicher Regeln, Routinen und Rituale zu. Sie ist ja die, die neu dazugekommen ist, die nicht alles als selbstverständlich und gegeben hinnehmen muss, die ihre eigenen Familienerfahrungen, sei es als Mutter ihrer eigenen Kinder oder, wenn sie kinderlos ist, als Tochter ihrer Herkunftsfamilie mitbringt und mit den herrschenden Abläufen abgleicht. Das beginnt bei Banalitäten wie: Müssen die Kinder an ihren Papatagen wirklich nicht warten, bis alle aufgegessen haben? Ist es o. k., wenn sie die Schuhe im Vorzimmer einfach stehen lassen, wo sie ausgezogen wurden? Warum sitze an den Wochenenden nicht ich, sondern das Stiefkind am Beifahrersitz? Und wird bald einmal grundsätzlich, spätestens dann, wenn der berühmte Satz fällt: »Du bist nicht meine Mutter und hast mir gar nichts zu sagen.«

Bei all diesen Herausforderungen übersehen Stiefmütter oft, auf sich zu schauen. Ihre Bedürfnisse, ihre Wünsche, ihre Rolle zu definieren und einzufordern. Ihr Selbst zu pflegen. Sich nicht zu vergessen. Sie nehmen viel auf sich und hinterfragen sich meistens erst dann, wenn es ihnen schon schlecht geht. Oft ist es dann bereits zu spät. Etwa die Hälfte der Patchworkbeziehungen fällt wieder auseinander. Das ist etwas mehr als in klassischen Familien und gibt eine Vorahnung, wie herausfordernd die Rolle der Stiefmutter ist. Es macht einen Unterschied, ob eine Frau ihre Mutterrolle organisch in einer Kernfamilie aufbauen kann, quasi mit den Kindern mitwächst, oder quer einsteigt und dann auch noch ihre Rolle sehr bewusst ausverhandeln und gestalten muss.

Aber was eine Bürde ist, ist auch immer eine Chance. Weil Stiefmütter bewusst Elternaufgaben übernehmen, reflektieren sie mehr darüber. Sie sind weniger gefährdet, sich ganz in der Mutterrolle aufzugeben. Schließlich wollen sie ihr altes Leben nicht verlieren, als berufstätige Frau, als Partnerin und Geliebte, als Freundin. Im Idealfall erhalten sie sich eine gesunde Distanz zu den vielen Ansprüchen, die an sie in ihrer Stiefmutterrolle gestellt werden. Davon können alle anderen Familienmitglieder lernen. Zuallererst die Stiefkinder, die sich ja meistens ohnehin keine Ersatzmama wünschen, sondern einfach einen Menschen, der für sie da ist und auf den sie sich verlassen können. Und natürlich der Partner, der nach dem Scheitern seiner ersten

Beziehung meistens ebenfalls von einer neuen, modernen Partnerschaft auf Augenhöhe träumt. Der natürliche Abstand, den eine Stiefmutter in eine Familie mit einbringt, bedeutet immer auch ein Stückchen Freiheit, Rollen zu hinterfragen und neu zu definieren.

Das macht Stiefmütter zur gesellschaftlichen Avantgarde. In Patchworkfamilien träumen die Neo-Stiefeltern ja oft davon, es besser zu machen als zuvor, und haben dabei das traditionelle, klassische Familienbild vor sich. Sehr bald stellen sie fest, dass das nicht funktioniert, und finden sich dann in einer bunten, vielschichtigen, durchaus emotionalen, aber nicht mehr so starren Familienformation wieder, auf die herkömmliche Etiketten so gar nicht mehr passen.

Soziologen und Psychologen beobachten und beschreiben dieses Phänomen schon länger. »Wir steuern auf eine sogenannte postessenzialistische Gesellschaft zu, in der wir alle Individuen sind, die sich nicht mehr ausschließlich über ihr Geschlecht und die damit angenommenen, quasi determinierten Eigenschaften, sondern über ihre Rollen, Qualifikationen und Kompetenzen definieren«, erklärt die Münchner Soziologin Paula-Irene Villa.

»Früher hieß es: Bekommst du Steuern erstattet, bist du Staatsbürgerin und hast Anrecht auf bestimmte Sozialleistungen. Bist du für einen Arbeitsmarkt qualifiziert, bekommst du einen Job mit Anstellung, Versicherung und kannst eine Familie ernähren und jemanden mitversichern. Bist du Hausfrau, ernährt dich dein Mann. Bist du Mutter, bekommst du Mutterschutz und Kindergeld. Bist du Vater, Mutter und Kind, bist du eine Familie.«

Eine postessenzialistische Familie kann aber viel mehr sein. Patchworkfamilien, aber auch andersartige Zusammenschlüsse, in denen Menschen verbindlich und langfristig füreinander sorgen. Nicht einmal mehr die gängige Definition, wonach Familie dort sei, wo sich jemand um Kinder kümmert, beschreibt es richtig. Die Evangelische Kirche in Deutschland definierte in einem Positionspapier Familie schon im Jahr 2014 darüber hinaus als einen Ort, wo Menschen auf Dauer füreinander Verantwortung übernehmen. Das kann Verantwortung gegenüber Geschwistern, älteren Menschen, Angehörigen und natürlich Kindern sein.

Im Englischen gibt es das Wort »parent«, mit dem sich eine Frau wie auch ein Mann bezeichnen kann. Ich bin ein »parent«, ein Eltern. Im Deutschen haben wir dafür nur das etwas bürokratisch klingende Wort »Elternteil« parat. Ein »parent« kann auch ein anderer erwachsener Mensch sein, der sich langfristig verbindlich, verantwortlich, im Wissen um Macht- und Asymmetriekonstellationen um Kinder kümmert.

Und Stiefmütter sind auf ihre Art Vorreiterinnen dieser Entwicklung, weil sie heute schon jenseits der herkömmlichen, traditionellen Rollenbilder agieren können, sofern sie ihren Spielraum auszunützen verstehen. Sie sind Heldinnen einer Moderne, in der alles flexibel und flüchtig, aber dafür auch gestaltbar und verhandelbar geworden ist.

Welche Märchenfiguren hätten sich die Gebrüder Grimm für so jemanden wohl einfallen lassen? Sicherlich nicht die der hexenhaften Stiefmutter, eher die der mächtigen, patenten und unerschütterlichen Fee.

2. Typische Stiefmütterrollen

Der Weg von der hinterlistigen Hexe zur patenten Fee ist lang und verschlungen, und viele Stiefmütter kommen nie an seinem Ende an. Es gibt ihn auch nicht, diesen einen Weg, genauso wenig wie das universelle Patentrezept, das einen zu der glücklichen, erfolgreichen und lässigen Patchwork-Mom macht, die wir uns in unseren Fantasien vielleicht ausmalen, sobald wir uns in einen Mann mit Kindern verlieben. Was es aber gibt, sind vier typische Etappen auf dem Weg zur Patchworkfamilie, die sich ähneln und die jede Stiefmutter früher oder später durchläuft – sofern sie nicht vorher abbiegt. Sie sich vor Augen zu halten, kann helfen.

Wie jede Paarbeziehung beginnt auch die zu einem Mann mit Kindern im Gepäck mit Euphorie und Liebestaumel, mit dieser wunderschönen frischen Verliebtheit, in der die Stiefmutter ihren Partner zuerst einmal als Geliebten kennenlernt, dann als Vater – und beides zuerst einmal einfach nur wunderbar findet. Es kann diese Phase im Leben einer Frau geben, vor allem, wenn sie schon jenseits der 30 ist, in der Männer, die Väter sind, attraktiver werden als Männer ohne Kinder. Vor allem für Mütter, aber nicht nur. Wer sich in einen Mann verliebt, der Kinder hat, und selber schon welche hat, denkt sich: zum Glück einer, der zum gleichen Tribe gehört. Also zum Elterntribe. Er kennt das Leben mit Kindern, er kann mit den Nebenwirkungen des Nachwuchses, dem Chaos, den Unwägbarkeiten, der Fremdbestimmung umgehen. Er weiß, worauf er sich einlässt.

Wer sich in einen Vater verliebt und selber noch keine Kinder hat, aber sich welche wünscht, denkt sich: Er hat schon mal bewiesen, dass er ein Vater sein kann. Er ist aus Vatermaterial gemacht. Er kann Verantwortung übernehmen, er ist sicherlich empathisch und ein Familienmensch.

Und wer sich in einen Mann mit Kindern verliebt und selber keine hat und will oder bekommen kann, redet sich in der ersten Phase der Verliebtheit noch ein, wie spannend es doch wäre, zumindest Teilzeitstiefmama zu werden. Das ist ja angeblich auch die angenehmste Form der Mutterschaft. Wer kennt sie nicht, die Freundin mit Kindern, die sagt: »Sie sind ja wunderbar, die Brut, aber hin und wieder würde ich sie gerne abgeben dürfen.«?

Die erste Etappe des Kennenlernens, Beschnupperns unter dem Stern der Euphorie geht unweigerlich in eine zweite Etappe über, die ernsthafter, nüchterner und konfliktreicher ist. Jetzt geht es um Macht und Positionen im neuen Familiengefüge, es wird gerangelt, gekämpft, gestritten und diskutiert. Die Stiefmutter ist längst nicht mehr nur Geliebte ihres Partners, ihre Beziehung zu ihm tickt nicht mehr nur nach der »Liebeslogik«, sondern auch nach der »Familienlogik«. Aber nach welcher? Wie lege ich meine Stiefmutterrolle an? Welches Skript finde ich für mich und für meine Patchworkfamilie? Die Stiefmutter hört in dieser Phase von ihrem Stiefkind möglicherweise bald einmal den berühmten Satz: »Du bist nicht meine Mama, du hast mir gar nichts zu sagen.« Sie hört sich zu ihrem Partner entnervt zischen: »Kannst du deinem Kind bitte beibringen, dass es nicht am Tisch lümmeln / seine Schuhe nicht mitten im Vorzimmer liegen lassen / endlich einmal das Geschirr wegräumen soll?«

Diese zweite Etappe ist entscheidend. Nicht nur mindestens zwei Familienlogiken und -kulturen prallen aufeinander und damit zwei Arten, mit Regeln, Grenzen und Konflikten umzugehen, sondern alle Mitglieder in der Patchworkfamilie suchen nach ihrer neuen Rolle und nach ihrem Platz. Das schneidet tief in die Gefühls- und Beziehungswelt aller Beteiligten hinein. In dieser Etappe werden schnell einmal Sündenböcke gesucht, als billige Lösung, als bequeme Flucht, sich mit den eigentlichen Problemen auseinanderzusetzen. »Dein Kind ist verhaltensauffällig!« »Deine Ex macht uns das zu Fleiß.« »Du bist als Vater total inkonsequent.« »Du hast doch von Kindererziehung keine Ahnung!«

Das ist der Moment, um beim Bild der Wegstrecken zu bleiben, bei dem man nur ja nicht abbiegen und umdrehen darf. Sondern sich am besten eine Ruhepause gönnt, sich hinsetzt und möglichst gründlich seziert, was jetzt eigentlich alles da aufgetaucht ist. Die auf Patchworkfamilien spezialisierte Psychologin Katharina Grünewald schreibt dazu in ihrem Buch »Glückliche Stiefmutter«, aus dem ich auch die vier typischen Etappen (sie spricht von Phasen) einer Patchworkbeziehung übernommen habe: »In der Praxis höre ich oft den Wunsch, diese Phase doch bitte überspringen zu dürfen. Doch das geht nicht! Und genau das ist die größte Herausforderung in dieser Phase: diesen Gefühlscocktail annehmen und akzeptieren, und am besten mit viel Liebe und Güte genau untersuchen, was da alles drin ist.«

Ist das einmal passiert, fühlen sich die Etappen drei und vier vergleichsweise harmlos an. Jetzt geht es um Etablierung (Phase drei) und schließlich um Akzeptanz (Phase vier). Die Machtkämpfe und das Gerangel lassen nach, man hat Rezepte gefunden, um Konflikte auszutragen, und gelernt, die unlösbaren Probleme – die es ja immer gibt – zu akzeptieren. Man hat eigene Routinen und Rituale etabliert, aus denen sich langsam, aber sicher ein eigenständiges Selbstbewusstsein ableitet, eine unbeirrbare, bisweilen ein wenig selbstironische Selbstverständlichkeit, wie sie sich manchmal in langjährigen Ehen und traditionsreichen Familien findet. Wir machen das so, wir sind nun einmal so, und das ist gut so.

Diese vier Phasen – Liebestaumel, Landung in der Wirklichkeit und Machtkämpfe, Etablierung und Akzeptanz – durchläuft jede Paarbeziehung. Oft entstehen leibliche Kinder noch in der Phase des Liebestaumels und schweißen einen über die Periode der Macht- und Stellungskriege zusammen. Die Paar- und Mutter- / Vaterbeziehung haben Zeit, gemeinsam zu wachsen. Einfach ist auch das nicht, aber im Unterschied zu Patchworkbeziehungen ist man als Mutter dabei, wenn es passiert. Als Stiefmutter findet man, je nachdem, zumindest eine Vater- und eine Mutterbeziehungswelt vor, die auf den Trümmern deren gemeinsamer, komplexer und oft noch nicht komplett aufgearbeiteter Ex-Familienwelt gewachsen sind. Man muss sich mit diesen Welten arrangieren und sie mit seinen eigenen Vorstellungen abgleichen. Ein Minenfeld ist nichts dagegen. Gleichzeitig ist es unglaublich spannend, vielfältig und vor allem gestaltend. Stiefmütter handeln nicht nur intuitiv, sie reflektieren auch, was sie tun. Ihre innere Distanz zum Stiefkind und zu ihrer Stieffamilie gibt ihnen auch Kraft und Gelassenheit.

Ich bin selbst Stiefmutter und Mutter. Ich habe zwei Söhne im Volksschulalter, dank meines neuen Partners kamen eine erwachsene Tochter und ein weiterer Sohn im Mittelschulalter als Beutekinder dazu. Am Anfang waren die Liebe und die Euphorie groß. Wir basteln uns eine neue Familie, die besser, harmonischer und lustiger wird als unsere alten. Wir wiederholen die Fehler aus unseren vergangenen Beziehungen nicht. Wir können endlich beides haben: liebevolle Paarbeziehung und buntes Familienleben. Ich kann abwechselnd und gleichzeitig Geliebte und Partnerin, Mutter und Stiefmutter sein. Wir richteten uns freudig und rasch in unserem neuen Familienleben ein. Mit unseren jeweiligen Ex-Partnern stimmten wir uns so ab, dass wir abwechselnd Kinder- und Paarwochenenden hatten. Am ersten und dritten Wochenende eines jeden Monats waren alle Kinder bei uns, bis auf die erwachsene Tochter meines Freundes, die kommt und geht, wie es in ihr eigenes Leben am besten passt. Am zweiten und vierten Wochenende im Monat genossen wir die Zeit als frisch verliebtes Paar alleine.

Meine beiden Kinder waren es schon davor gewöhnt, zwei Drittel der Zeit bei mir, ein Drittel der Zeit bei ihrem Vater zu sein. Im Regelfall verbrachten sie jede zweite Woche das Wochenende bei ihm. Von Freitagnachmittag, wenn sie ihr Papa von der Schule beziehungsweise dem Kindergarten abholt, bis Montagfrüh, wenn er sie wieder in die Schule bringt. Und sie sahen ihren Papa zusätzlich an den alternierenden Montagen, auch da holte er sie ab und brachte sie am Dienstag wieder in die Schule. Das mag kompliziert klingen, aber genau dieses »Wechselmodell« empfehlen Kinderpsychologen, damit Kinder nach einer Trennung im regelmäßigen Kontakt zu beiden Eltern bleiben können und Väter nicht zu reinen Wochenend- und Freizeitvätern und Mütter zu Alltags- und Schulmüttern werden.

Es funktioniert natürlich nur, wenn es ein grundsätzliches Einvernehmen zwischen den Ex-Partnern gibt und die Wohnsituation es zulässt. Zu lange sollten die Wegstrecken nicht sein, und die Kinder wachsen natürlich mit zwei Kinderzimmern und doppelter Infrastruktur an Kleidung und Spielen auf. Man muss sich dieses Modell leisten können, keine Frage. Meine Kinder erlebten ihren Stiefvater also auch im Alltag, für meinen Stiefsohn, der gut eine Autostunde entfernt von uns wohnt und für den das Wechselmodell vorerst nicht infrage kam, war ich von Anfang an nur eine Wochenend- und Urlaubsstiefmama.

Ohne dass es mir zu diesem Zeitpunkt bewusst war, machte ich den Kardinalfehler aller werdenden Stiefmütter: Ich glaubte, das alles würde sich quasi von Natur aus fügen, wenn die Liebe zwischen mir und meinem neuen Partner nur groß genug sei. Ich ging davon aus, dass sich die Beziehung der Kinder untereinander schon ergeben würde. Dass meine Kinder ihren neuen Stiefvater doch sicherlich genauso liebenswert finden würden wie ich. Und seine sich darüber freuen würden, dass es jetzt wieder eine Frau an seiner Seite gibt.

Aus heutiger Sicht weiß ich, dass ich den Patchworkteil unserer Paarbeziehung viel langsamer und achtsamer hätte angehen sollen. Vermutlich wäre es hilfreich gewesen, sich begleiten zu lassen – von einer darauf spezialisierten Familientherapeutin etwa. Oder sich Rat von anderen, erfahrenen Stiefmüttern zu holen, in einer Gesprächsgruppe etwa. Oder einfach ein paar kluge Ratgeberbücher zu lesen.

Aber wer, der frisch verliebt ist, denkt schon an Coaching, Mediation und Beziehungs- oder Familienarbeit? Das sind Begriffe, mit denen man eher Krisen, wenn nicht schon das nahende Ende einer Partnerschaft verbindet. Dazu kommt, dass sich beim Patchworken am Anfang alles auf die Kinder konzentriert. Wie kommen sie mit der neuen Situation klar? Akzeptieren sie mich, ihre neue Stiefmama? Klappt das mit den gemeinsamen Kinderwochenenden? Da bleibt wenig Zeit, über die eigene Rolle nachzudenken. Und über die vielen anderen neuen, aufregenden, schönen, aber natürlich auch anstrengenden Rollen, in die man von heute auf morgen schlüpfen soll.

Stiefmütter sollen ja nicht nur eine Beziehung zum Nachwuchs ihres Partners aufbauen. Sie sollen mit dessen Ex auskommen, mit seinen Eltern, möglicherweise auch mit den Eltern der Ex, wenn das Stiefkind zu ihnen eine enge Beziehung hat. Sie müssen sich meistens sehr rasch einen Platz in einem hochkomplexen Beziehungsgeflecht suchen.

Außerdem ist Patchwork ja lässig, modern, angesagt und fortschrittlich. Was soll denn schon schiefgehen! Es wird uns als wünschenswerte Lebensform präsentiert. Hollywoodstars leben es als Ideal vor, in den Medien können wir Geschichten über die zusammengestoppelten Familien lesen, die einen in ihrer Fröhlichkeit und Selbstverständlichkeit an die Hippiekommunen erinnern. Niemand erwartet mehr von Vätern und Müttern, dass sie nach einer Trennung auf ewig als Single weiterleben, in einer Zeit, in der bald jede zweite Ehe geschieden wird. Eine neue Familie aufzubauen, es noch einmal zu probieren, ist quasi normal, und der Weg dorthin wird als mühelos, natürlich, einfach zu erreichen dargestellt.

Und zugegebenermaßen war ich wohl nicht die Erste, die sich dachte: Wow, so würde ich auch gerne leben, nachdem eine gute Bekannte ihre nach vielen Jahren eingespielte Patchworksituation als ideale Lebensform für berufstätige Mütter schilderte. Marianne (Name geändert) ist Mitte vierzig und macht halbe-halbe mit ihrem Ex-Mann. Die beiden Töchter im Teenageralter leben abwechselnd in der Mama- und der Papafamilie. Das hatte für sie den Vorteil, dass sie in den kinderlosen Wochen ihre Karriere in einem österreichischen Medienunternehmen ordentlich weiterverfolgen konnte, also mehr arbeitete als sonst und auch Abend- und Wochenenddienste übernahm. Oder, wenn sie ihren Zeitausgleich aus den Überstunden nahm, ein verlängertes Wochenende mit ihrem neuen Mann einplante oder am Abend ausgiebig Freundinnen traf oder sporteln ging. In den Mamawochen standen die Kinder im Mittelpunkt, und Marianne richtete ihre Arbeitszeiten entsprechend aus. Weil klar ausgemacht war, wer in welchen Wochen die Hauptverantwortung für die Kinder hat, gab es viel weniger Diskussionen als früher, als sie noch als Paar zusammenlebten. Marianne und ihr Ex-Mann leben jeweils wieder in einer neuen Beziehung, es gab also zusätzlich noch eine Stiefmutter und einen Stiefvater, die einspringen konnten, wenn das erste Netz, das der leiblichen Eltern, nicht hielt.

»It takes a village to raise a child«, lautet eine englische Redensart. Es braucht ein Dorf, um ein Kind großzuziehen. Je mehr Menschen sich um ein Kind kümmern, desto einfacher wird es. Mama, Papa, Omas, Opas, ältere Geschwister, die Nachbarin – im idealtypischen Dorf, das es so natürlich auch nie gibt, schauen immer mehr als vier Augen auf die Kleinen. Großfamilien in Großstädten sind selten geworden, funktionierende Patchworkfamilien kommen ihnen manchmal aber sehr nahe. Und weil sich der leibliche Vater und die leibliche Mutter ihre Aufgaben ganz genau aufteilen müssen – beginnend mit Betreuungszeiten, Papa- und Mamatagen, bis hin zu: Wer besorgt welche Gegenstände des täglichen Bedarfs, wer geht mit ins Ballett oder zum Fußball, in den Musikunterricht, wer kümmert sich um die Arztbesuche, um die Schule, wer lernt mit dem Kind, wer organisiert die Nachhilfe? –, weil all diese Alltagsfragen klarer ausverhandelt werden müssen als sonst, bleiben sie – im Idealfall, Einvernehmen der Eltern vorausgesetzt – am Ende weniger an der leiblichen Mutter hängen.

»Seitdem wir uns getrennt haben, kümmert sich mein Ex viel ernsthafter um die Kinder!« »Früher musste ich so oft einspringen, wenn er es einmal nicht rechtzeitig aus dem Büro nach Hause schaffte. Jetzt teilt er sich das ganz strikt ein und ist absolut verlässlich« – so oder so ähnlich erzählen es Mütter oft und fragen sich natürlich auch: Wieso ist es uns nie gelungen, die Kinder- und Hausarbeit so verbindlich aufzuteilen, als wir noch zusammen waren? Vielleicht, weil es in unserer Gesellschaft immer noch die Mutter ist, der die Hauptverantwortung für das Private gegeben wird. Und weil das traditionelle Mutterbild in unserer Gesellschaft noch so stark nachwirkt, wird auch von Stiefmüttern erwartet, dass sie den Hauptteil des Privatmanagements übernehmen, vor allem, wenn sie auch eigene Kinder haben und in dieser Rolle quasi schon eingeübt sind. Sie sollen die bessere Mutter und Stiefmutter gleichzeitig sein. Viele legen diesen viel zu hohen Maßstab auch an sich selbst an. Sie werden zu regelrechten Überperformerinnen.

Auch ich habe anfangs versucht, perfekt geplante gemeinsame Familienwochenenden zu organisieren, mit allerlei Aktivitäten, Sport, Ausflügen, Museumsbesuch, Kino und gemeinsam gekochten Mittag- und Abendessen. Der Stundenplan eines Samstags und Sonntags, bei dem mein Stiefsohn bei uns war, war eng getaktet und strotzte nur so vor Ehrgeiz. Ich wollte, dass er was Tolles erlebt, und übersah, welche Signale ich damit an ihn, seinen Vater, meinen neuen Partner, und an seine Mutter aussendete. Ich habe meinen Stiefsohn mit meinem Elan überfordert, die Kompetenz des leiblichen Vaters infrage gestellt und mich in Konkurrenz zur leiblichen Mutter positioniert. Auch meine beiden eigenen Kinder waren überfordert. Sie fühlten sich zu kurz gekommen.

Ich hatte die Familienregie übernommen, ohne ein schlüssiges Skript parat zu haben. Ich habe aus meiner Unsicherheit heraus auf mein altes Mutterskript zurückgegriffen, eines, das sich bewährt hat und mit dem ich auch beruflich vertraut bin. Dem der Organisatorin und Managerin, der coolen Checkerin. Es wurde zu meinem ersten Stiefmutterskript. Ich habe mich nicht gefragt, was ich eigentlich will, ich habe nicht innegehalten und darüber nachgedacht, was gerade mit uns allen passiert, was alles an Bedürfnissen, Wünschen, Ängsten, Erwartungen, Hoffnungen da ist, sondern ich habe einfach gemacht, mit höherer Schlagzahl und mehr Einsatz, schließlich galt es nicht zwei, sondern drei Kinder zu versorgen – und all das auch noch im knappen Zeitkorsett der Besuchszeiten.

Mein Stiefmutterskript war das der Familienmanagerin. Es rührt aus meiner Kindheit und aus meinen eigenen Erfahrungen als Tochter einer stets sehr gut organisierten Mutter. Ich wuchs in einer Familie auf, die auf mich heute im Rückblick wie ein gut geölter, tüchtiger kleiner Maschinenraum wirkt, in der jeder seinen Platz und seine Aufgabe zu erfüllen hatte. Das Familienziel war sozialer Aufstieg durch Leistung, wie es bei Zuwanderern häufig ist. Vertrautheit, körperliche Nähe und bedingungslose Anerkennung zwischen Eltern und Kindern waren nachrangig. Auch fürs Private galt: Man muss sich die Aufmerksamkeit, Anerkennung und Liebe verdienen. Meine Eltern waren im Jahr 1969 aus der damaligen Tschechoslowakei nach Österreich geflüchtet, nur mit den sprichwörtlichen zwei Koffern als Gepäck, und mussten in ihrer neuen Heimat bei null anfangen. Dank ihrer Tüchtigkeit, ihres Fleißes und ihrer Sparsamkeit konnten sie sich schnell etablieren. Sie haben dafür vieles hintangestellt, meine Mutter noch mehr als mein Vater, wie es in der Nachkriegsgeneration oft der Fall war.

Egal auf welches Skript man als Stiefmutter (und natürlich Mutter) zurückgreift, die eigenen Erlebnisse als Tochter spielen unbewusst immer mit. Wie sehr sie das tun, wird einem oft erst im Nachhinein klar, wenn es erste Beziehungsprobleme gibt, eine Trennung zu verarbeiten ist, man Hilfe sucht und sich als Erwachsener erstmals wieder bewusst mit seiner eigenen

Familiengeschichte auseinandersetzt. Welche Mutterrolle hat die eigene Mutter gewählt? War sie der echte Mittelpunkt der Familie, eine Matriarchin? Oder nur der heimliche, in einem stillen Matriarchat? Hat sie sich untergeordnet? Nur dem Vater, oder auch den Brüdern? War sie, wie ich es erlebt habe, die tüchtige, respektierte Organisatorin, oder eher eine unterwürfige Dienerin? War man selbst die kleine Prinzessin der Familie, die um die Gunst des Vaters buhlen musste, indem sie besonders entzückend und brav war? Musste man als älteste Schwester quasimütterliche Verantwortung für kleinere Geschwister tragen? War man am Rande oder im Mittelpunkt der Familie? Hat man den Platz selbst gewählt oder wurde man dorthin gedrängt? Jede Familie schreibt ihre eigene Landkarte, hat ihre eigenen Macht- und Gefühlsgefälle, und nicht umsonst erzählen Roman- und Serienerfolge sehr oft einfach komplexe Familiengeschichten mit all ihren Details.

Erfolgreiche Stiefmutterskripts fehlen noch im kollektiven Bewusstsein unserer Gesellschaften. Es gibt zwar immer mehr Menschen, deren Eltern bereits getrennt lebten und neue Beziehungen eingegangen sind, die also selber in Patchworkfamilien groß geworden sind und inzwischen selber in einer solchen leben. Aber daraus sind noch keine Vorbilder, keine Rollenbeschreibungen, keine neuen »Archetypen« entstanden. Das alte Bild der bösen Stiefmutter dominiert nach wie vor, aber eines der guten Stiefmutter, der »belle-mère«, fehlt noch.

Figuren, an denen es sich theoretisch orientieren könnte, wären etwa die ältere Schwester. Oder die Lehrerin. Die Leihoma. Das Kindermädchen. Die Gouvernante. Die Babysitterin. Oder die – oft kinderlose – Tante. Letztere ist eine besonders faszinierende Figur, die sich immer wieder auch schon um die vorletzte Jahrhundertwende in Entwicklungs- und Familienromanen wiederfindet. Die Tante tritt dort oft als Alternative zur Mutter auf. Anders als sie, die verheiratet, Hausfrau, ehrbar und logischerweise von ihrem Gatten abhängig ist, lebt die Tante alleine und unverheiratet, ist kinderlos und natürlich berufstätig, weil sie für sich selbst sorgen muss. Oft ist sie deswegen in die Stadt gezogen und arbeitet in den frühen Frauenberufen der Moderne. Als Lehrerin, als Sekretärin, als Verkäuferin. Das verleiht ihr Unabhängigkeit und macht sie zu einer emanzipierten Frau. Sie verströmt ein Flair von Verruchtheit, das sich schon alleine daraus ergibt, dass sie wechselnde Männerbekanntschaften haben darf, Alkohol trinkt, raucht und abends mit Freundinnen ausgeht. Die Tante ist die, mit der das Kind Dinge besprechen kann, die es mit seinen Eltern nie bereden würde. Geheimnisse sind bei ihr gut aufgehoben. Sie ist eine Mittlerin zwischen der Kinder- und der Erwachsenenwelt. Sie gehört zur Familie, tritt aber nie in Konkurrenz zur leiblichen Mutter. Gleichzeitig ist die Tante selten eine, die erzieht. Aber Stiefmütter kommen auf Dauer nicht umhin, mitzuerziehen, und sei es nur auf der alltäglichen oberflächlichen Ebene. Manieren, Benimmregeln, Essensrituale gehören da dazu.

Leider ist es nicht Teil der Schulbildung, dass es die beste Vorbereitung fürs Stiefmuttersein (und Muttersein) wäre, zuerst einmal die Mütterskripts im eigenen Kopf bewusst zu machen und zu verstehen. Wer das Autofahren erlernen will, geht in eine Fahrschule, wer Goldschmied werden will, macht eine Lehre, wer ein Haus bauen möchte, sucht die Unterstützung eines Architekten. Wer Teil einer Familie wird, ist zuerst einmal auf seine eigenen Erfahrungen zurückgeworfen. Familienberatung, therapeutische Unterstützung setzen meistens erst dann an, wenn es schon recht spät ist.

Auch ich habe erst nach der Trennung vom Vater meiner Kinder meine eigene Familiengeschichte seziert und nachfühlen können, dass ich als Kind gerne mehr Geborgenheit, Wärme, Vertrautheit und bedingungslose Anerkennung gehabt hätte. Ich habe mir vorgenommen, es anders zu machen als meine Eltern. Ich habe für mich neben dem erlernten Mutterskript der tüchtigen, starken Familienmanagerin ein weiteres

Wunschmutterbild etabliert. Das der liebevollen, emotionalen, gefühlsbetonten Mutter, die aber gleichzeitig nicht aufopfernd und selbstlos sein soll. Ich habe keine Ahnung, ob ich es erfülle, das werden mir meine Kinder später einmal erzählen können. Wenn sie wollen.

Bezeichnend war, wie stark dieses Mutterskript auch meine Stiefmutterrolle dominiert hat. Als ich Stiefmutter wurde, hielt ich es für wichtig, dass ich auch zu meinem Stiefkind eine enge, emotionale Beziehung aufbaue. Schließlich ist er das Kind des Mannes, den ich liebe. Umso irritierter war ich, als ich recht bald merkte, dass mir das nicht so recht gelingen wollte. Die emotionale Nähe, die Muttergefühle wollten sich nicht so recht einstellen. Mein Stiefsohn ist nett, wohlerzogen und liebenswürdig. Obwohl er wie ein Einzelkind aufwächst, weil seine Schwester viel älter ist, spielte er geduldig mit meinen beiden Söhnen und nahm deren Rangeleien und Aufgeregtheiten mit Gelassenheit hin. Er ist ein ruhiges, gemütliches Kind, das ausgleichend auf meine eher aktiven und quirligen Kinder einwirkte.

Seine Ruhe nahm ich immer öfter als Langeweile wahr, seine Gelassenheit als Faulheit, ich konnte regelrecht dabei zusehen, wie klassisch-böse Stiefmuttergedanken in mir keimten. Während meine Buben sich auf die Wochenenden mit ihm freuten, dachte ich insgeheim: Wieder ein Samstag und ein Sonntag, an dem wir uns nach ihm richten müssen. An dem ich zu wenig Zeit für meine Kinder haben werde, weil sich alles, vor allem die Aufmerksamkeit seines Vaters, der ihn ja nur vier Tage im Monat sieht, um ihn dreht. Ich begann, die Interessen meiner leiblichen Kinder gegen die der Stieffamilie aufzurechnen. Die Gleichung stimmte nicht mehr. Und immer wieder ertappte ich mich dabei, wie ich mir innerlich sagte: Kein Wunder, dass ich mit meinem Stiefsohn nicht warm werde. Blut ist eben dicker als Wasser.

Ich wäre fast in die Mutterfalle getappt. So nennt es die Psychologin Katharina Grünewald, wenn Stiefmütter versuchen, wie echte

Mütter für ihr Stiefkind zu sein. Sie lassen dabei ihr unbewusstes Mutterbild und ihre Muttersehnsüchte das Skript schreiben. Sie kümmern sich aufopfernd und liebevoll um ihr Beutekind, stellen ihre Interessen hintan, richten die ganze Wochenendplanung nach ihm oder ihr aus. Sie besorgen sein Lieblingsessen, schenken ihm einen Talisman oder ein anderes Souvenir, das er oder sie immer bei sich tragen kann, und sagen Treffen mit Freundinnen ab. Früher oder später kommt der Moment der Enttäuschung, und die Idylle zerbricht. Oft sind es die Kinder, die den Anstoß geben. Ein unbeobachteter Moment, in dem das Kind mit seiner leiblichen Mutter telefoniert und erwähnt, dass die »Zicke« – gemeint ist die Stiefmutter – gerade eh nicht da sei. Eine SMS, in dem es schreibt, dass es gerade so langweilig beim Papa und seiner Freundin sei. Dass es Sehnsucht habe und sich schon wieder auf sein echtes Zuhause freue.

Kinder meinen das nicht so, sondern handeln aus einem unbewussten Loyalitätskonflikt heraus.

Wenn die Stiefmutter in Konkurrenz zur echten Mutter tritt, bringt das die Kinder enorm unter Druck. Ein Ausweg ist, der echten Mama und sich selbst zu versichern, dass es bei der Stiefmama eh nicht so toll ist, auch wenn man die Zeit mit ihr im Grunde sehr genießt. Dabei werden dann Ausdrücke (»Zicke«, »echtes Zuhause«) aufgegriffen, die im Mamahaushalt für die Stiefmutter und deren Herrschaftsgebiet verwendet werden.

In meinem Fall hat es mich gekränkt, dass mein Stiefkind die vielen Aktivitäten, den großen Aufwand, den ich um die Wochenenden mit ihm getrieben habe, nicht so wirklich begeistert aufgenommen hat. Ich habe seine nüchterne, neutrale Haltung sehr bald als Ablehnung interpretiert. Dabei war sie ebenfalls Ausdruck eines Loyalitätskonfliktes. Mein Stiefsohn hat eine sehr innige Beziehung zu seiner leiblichen Mutter, die nach der Trennung von seinem Vater noch keine neue Partnerschaft eingegangen ist. Es in der neuen Papafamilie lustig zu haben, vielleicht sogar auch mal lustiger als zu Hause, käme einem Betrug an seiner Mutter gleich. Ich habe mich als Stiefmutter zu weit vorgewagt, zu viel eingefordert. Klüger wäre es gewesen, Schritt um Schritt eine Beziehung aufzubauen, die sich klar von der Mutterrolle unterscheidet. Zum Beispiel als eine Art Tante. Oder eben als »belle-mère«.

Gleichzeitig mit der Mutterfalle erlebte ich auch einen Anflug dessen, was die Psychologin Katharina Grünewald in ihrem Buch »Glückliche Stiefmutter« die »Prinzessinnenfalle« nennt. Das Gefühl, sich ausgeschlossen zu fühlen, bleibt einer Stiefmutter nie erspart. Der Moment, wenn das Stiefkind mit dem Vater innig auf der Couch kuschelt. Beim Spazierengehen eng umschlungen mit dem Papa vorangeht und man sich denkt: Normalerweise war das da mein Platz an seiner Seite. Wenn bei Autofahrten der Stiefsohn plötzlich vorn am Beifahrersitz sitzt und man selbst, als wäre man das Kind, im Fond. Wenn sich einfach alles um den Stiefsohn oder die Stieftochter dreht und man sich als Stiefmutter wie eine Statistin im falschen Film fühlt. Das kann einen ganz schön verletzen und kränken. Gleichzeitig ist es natürlich kindisch, sich in Konkurrenz zum Stiefkind zu setzen und mit ihm um die Gunst des Vaters zu buhlen. Aber erlernte Muster aus der Kindheit halten sich lange. Viele Frauen teilen wohl noch meine Erfahrung eines Vaters, der nicht so präsent war wie die Mutter und um dessen Aufmerksamkeit man hart zu kämpfen hatte. Papas Liebling sein, seine Prinzessin. Was einem als Kind gelingt, sich in Konkurrenz zu anderen Geschwistern durchzusetzen und am längsten auf Papas Schoß zu sitzen, kann als Stiefmutter nie funktionieren. Die Stiefmutter ist nie die Erste, sondern immer die Zweite. Der Mann, den sie liebt, hat schon einmal eine innige Liebesbeziehung gehabt, und das Ergebnis dieser Liebe, das Stiefkind, ist nun Teil ihres eigenen Lebens und sie muss sich damit arrangieren. Das Stiefkind erinnert sie an die Vorgeschichte ihres Partners, dass er einmal eine andere Frau geliebt hat. Oft mischt sich in die Eifersucht auf das Stiefkind auch die Eifersucht auf das, was der Stiefvater mit seiner Ex an Elternbeziehung unterhält. Abstimmungstelefonate über Sommerferien, Schulprobleme, Arztbesuche, Hobbys können richtig quälend sein, und spätestens wenn ein gemeinsam geplantes Paarwochenende ausfällt, weil die Ex krank geworden ist und das Kind doch nicht wie ausgemacht übernehmen kann, ist der Frust immens. Wer die Prinzessin in sich nicht erwachsen werden lässt, wird als Stiefmutter immer mehr leiden als nötig.

Mit diesen Einsichten wuchs auch das Verständnis zwischen mir und meinem neuen Partner füreinander und für die sehr unterschiedlichen Bedürfnisse unserer Kinder. Alle, die mit Patchworkbeziehungen zu tun haben, sagen, dass es bis zu fünf Jahre braucht, bis eine neue Familie ihre Rituale und Wege gefunden hat und sich als neue Sippe etabliert und schließlich auch akzeptiert. Oft fällt die Phase der Akzeptanz dann auch schon wieder zusammen mit der Pubertät der Kinder. Dann kann es noch einmal richtig ruppig werden, wie in anderen »normalen« Familien auch, mit dem entscheidenden Unterschied, dass die Kinder dann alt genug sind, selber zu entscheiden, wie viel Zeit sie bei welchem Elternteil verbringen wollen. Ehe man sich versieht, sind sie auch schon aus dem Haus – in Patchworkfamilien oft früher als sonst. Die Pubertät steht uns noch bevor und ich freue mich darauf, miterleben zu dürfen, wie unsere Kinder flügge werden.

Die neuen Stiefmütterskripts für unsere Generation werden gerade geschrieben. Am Weg dorthin hilft vor allem eines: sich bewusst machen, wie die Stückchen, die Flecken beschaffen sind, die beim »Patchworken« – also beim Zusammennähen einer neuen Familie – zum Einsatz kommen. Wenn ich als Stiefmutter meine eigenen Mütterskripts kenne, wenn ich nachvollziehen kann, welche Vorstellungen mein Partner hat, die Vorgeschichte des Scheiterns seiner Beziehung kenne, die Bedürfnisse des Stiefkindes verorten kann, wenn ich all das überblicke, kann ich selbst meinen Platz definieren – und werde nicht definiert.

Das klingt ganz danach, als brauchte man eine familientherapeutische Ausbildung, um überhaupt Stiefmutter zu sein. Aber ein waches Bewusstsein und ein Gespür für die Nächsten in meiner Nähe reicht für diese »Familienform für Fortgeschrittene«, wie es die deutsche Publizistin Felicitas von Lovenberg so schön nennt, schon aus.

Oft hilft, nach dem Ausschließungsprinzip vorzugehen und darüber nachzudenken, was man nicht sein möchte. Etwa »die Frau, die jetzt bei meinem Papa wohnt«. Oder »Papas Freundin«. »Papas neue Frau«. Die »ältere Schwester«. Das »Lieblingskindermädchen«. Die »beste Freundin«. Die »Ersatz-Mama«. Die »Neben-Mama«, »Zweit-Mama«, »Mama light« oder »Bonus-« und »Beutemama«. Natürlich auch nicht die »böse Stiefmutter«. Vielleicht auch nicht die »Tante«, weil es am Ende zu unverbindlich ist. Möglich, dass man am Ende bei der »guten Stiefmutter« landet, der »belle-mère«.

Denn sie kann vieles gleichzeitig sein und sieht das nicht als Widerspruch. Sie hält die unzähligen Paradoxien, die das Leben mit und für Kinder bereithält, leichter aus, weil sie eben nicht genetisch mit ihnen verbunden ist. Sie freut sich, wenn ihr Zuhause lebendig und voller Kinderkram ist, und sie hat ganz und gar kein schlechtes Gewissen, wenn wieder Ruhe einkehrt, die Kinder beim anderen Elternteil sind und sie Zeit für sich hat. Sie konzentriert ihr Erziehungsziel bei ihren Stiefkindern auf Umgangsformen und Benehmen, jene Bereiche, die garantiert nichts mit Veranlagung zu tun haben und form- und veränderbar sind. Sie etabliert und achtet auf ihre eigenen Regeln des Respekts und der Höflichkeit, damit sie sich wohlfühlt und damit die vielen kleinen Herausforderungen des Patchworkalltags einen stabilen, liebevollen, aber nicht typisch familiär aufgeladenen Rahmen finden. Patchwork hat etwas von permanentem Aushandeln, permanentem bewussten Entscheiden für diese Lebensform. Es macht einen Riesenunterschied, ob man freiwillig einem familienartigen Verbund beitritt, oder ob man hineingeboren wurde. Stiefmütter beobachten und hinterfragen sich selber vermutlich wesentlich öfter als leibliche Mütter.

Man könnte am Ende sogar so weit gehen und postulieren: Die gute Stiefmutter, die »belle-mère«, ist die bessere, moderne Mutter, der progressive Gegenentwurf zum traditionellen deutschen Mutterbild, das immer noch das Denken über Frauen und Familie in Deutschland, Österreich und der Schweiz dominiert.

3. Die deutsche Mutter und die deutsche Stiefmutter

»Vielleicht hätte ich in Deutschland nie Kinder bekommen«, schreibt Annika Joeres gleich zu Beginn ihres Bestsellers »Vive la famille: Was wir von den Franzosen übers Familienglück lernen können«, der im Jahr 2015 erschien. Aber dann zog die deutsche Journalistin nach Frankreich und bekam flugs gleich zwei Sprösslinge. »Die vielen entspannten französischen Familien haben mich mit ihrer Leichtigkeit angesteckt. Sie macht Lust auf Nachwuchs.« Entspanntheit, Leichtigkeit, Lust – das sind Schlüsselwörter, die deutsche und österreichische Frauen nicht unbedingt mit Kindern assoziieren. Sie sind eher Pflicht, Verantwortung, Doppelbelastung, eine Herausforderung für die Work-Life-Balance.

Ähnlich erging es der Amerikanerin Pamela Druckerman, als sie mit ihrem Mann und ihrer kleinen Tochter in ihrer jetzigen Wahlheimat Frankreich erstmals Urlaub machte und abends versuchte essen zu gehen. Auf ihrem Tisch: Chaos. Rundum: keine grantelnden Kinder, keine entnervten Eltern. »An ihren Tischen schien eine unsichtbare, zivilisatorische Kraft zu walten«, fasste es Druckerman später in ihrem Bestseller »Warum französische Kinder keine Nervensägen sind. Erziehungsgeheimnisse aus Paris« zusammen.

Das Buch erschien 2013 und begründete ein eigenes, sehr erfolgreiches Genre: das des Elternratgebers à la mode française. Joeres' »Vive la famille« folgt dem gleichen Schema. Eine Ausländerin hat in Frankreich eine Art Erweckungserlebnis in Sachen

Savoir-vivre und bringt ihre Erfahrungen für ihre Geschlechtsgenossinnen zu Papier. Druckerman setzte 2014 noch eins drauf und schrieb »Was französische Eltern besser machen. 100 verblüffende Erziehungstipps aus Paris«.

Aber was machen französische Mamas und Papas in ihren Augen wirklich besser? Gelassenheit ist ein zentrales Thema, Grenzen setzen, innerhalb dieser aber sehr viel Freiheit lassen, das andere. Kinder gehören selbstverständlich zum französischen Leben dazu. Aber um nichts in der Welt würde eine Französin, kaum dass sie Mutter geworden ist, zur Glucke mutieren, gar ihren Job aufgeben oder ihren Lebensstil grundsätzlich ändern. Die Kinder haben das Leben der Eltern mitzuleben, nicht umgekehrt. Kinderbetreuung außer Haus macht der Französin und dem Franzosen deshalb auch kein schlechtes Gewissen, sondern ist ganz normal.

Die Phänomene, die Druckerman und Joeres beobachten, sind unter Familienforschern wohlbekannt. Die französische Familienpolitik, die Drei-Kind-Familien massiv steuerlich fördert, sowie ein wesentlich besseres Betreuungsnetz vor allem für ganz kleine Kinder in Kinderkrippen, sogenannten »Crèches«, erleichtern Eltern die Wahl, mehr Kinder und diese früher zu bekommen.

Inzwischen haben auch die Französinnen ihren Marktwert als Role Models für Mütter weltweit entdeckt. Der Ratgeber »How to be Parisian wherever you are«, geschrieben von Anne Berest, Caroline de Maigret, Audrey Diwan und Sophie Mas, war in den USA ein Bestseller und ist 2015 auch auf Deutsch erschienen. Schwangere Französinnen würden nie Ultraschallbilder ihrer Ungeborenen herzeigen, lernen wir darin. Auch so etwas Peinliches wie »Baby-Showers«, die in den USA so beliebten Freundinnenfeste für werdende Mütter, würden sie nie veranstalten, geschweige denn ihre Geburtserfahrungen teilen. Sie freuen sich lieber über ihr größeres (Still-)Dekolleté und tragen weiterhin Absätze. Sie bleiben, wie sie waren: entspannt – und ohne schlechtes Gewissen egoistisch.

Muttersein in Deutschland, Österreich und der Schweiz ist anders, traditioneller, klassischer, biologischer, als Muttersein in Schweden, Dänemark, Norwegen oder Frankreich. Die institutionellen Rahmenbedingungen sind anders, ebenso die Erwartungen, wie sich eine gute Mutter zu verhalten habe. Deswegen lohnt ein genauerer Blick auf die typisch deutschen und österreichischen Mütterskripts, die uns immer noch prägen – weil sie natürlich auch die hiesigen Stiefmütterskripts beeinflussen.

Wer über Mutterliebe nachdenkt, sollte sich vergegenwärtigen, dass es kein angeborenes, sondern ein kulturell anerzogenes Gefühl ist. Mutterliebe, wie wir sie idealisieren, war im Mittelalter noch nicht bekannt, wurde Ende des 18. Jahrhunderts ebenso wie die bürgerliche Liebesehe und die Kindheit als eigener Lebensabschnitt entdeckt und in der Romantik überhöht. Heute lebt es weiter – in und neben anderen Klischees wie der vernachlässigenden Rabenmutter, ein Begriff, den es bezeichnenderweise nur im Deutschen gibt, der überbesorgten Helikopter-Mum oder der »Glam-Sahm«, der »glamourösen Stay-at-home-mum«. Und natürlich, als Negativabziehbild, auch in Form der bösen Stiefmutter, die nie und nimmer so sein kann wie die echte, gute, deutsche Mutter.

Frauen aus Deutschland, Österreich und der Schweiz, die gegen dieses Diktat der einzig wahren, natürlichen Mutterliebe anschreiben, die offen von Verbitterung, Enttäuschung, Unfähigkeit, ihre Kinder anzunehmen, berichten, rühren an ein Tabu und regen auf. »Verrückt zu sein ist in Deutschland allemal gesellschaftsfähiger, als keine gute Mutter zu sein«, meinte die deutsche Autorin Charlotte Roche, selbst Mutter, über ihr 2015 erschienenes Buch »Mädchen für alles«. Darin entledigt sich ihre Protagonistin zuerst ihrer lästigen Mutterpflichten, indem sie ein Kindermädchen engagiert, um sich dann aufzumachen, ihre Eltern umzubringen, die sie für ihr gescheitertes Leben verantwortlich macht.

»Mommy Horror« nennt die »Süddeutsche Zeitung« dieses Genre. Neu ist es nicht, Roche hat es auch nicht erfunden. Im kinderfreundlichen und emanzipierten Schweden, das immer wieder als Musterland für die Gleichberechtigung von Mann und Frau herhalten muss, stieß Maria Sveland mit ihrem Roman »Bitterfotze« schon acht Jahre zuvor eine Debatte über frustrierte Mamas an. Sveland schickt ihre Hauptfigur Sara, eine gebildete, junge Karrierefrau, die nach der Geburt ihres Kindes nur noch frustriert und gestresst, eben »bitterfotzig« ist, alleine auf Urlaub nach Teneriffa, um sich von der »Familienhölle« zu erholen und ihr Leben zu bilanzieren.

Die österreichische Autorin Gertraud Klemm porträtiert in ihrem feministischen Gesellschaftsroman »Aberland« Franziska, ebenfalls Mitte 30, zuerst aufstrebende Biologin, dann desorientierte Hausfrau, die am Muttersein, aber in Wahrheit an der Nicht-Gleichberechtigung in einer bürgerlichen Mittelschichtsidylle scheitert.

Die israelische Soziologin Orna Donath ließ für eine Mutterstudie im Jahr 2015 23 Frauen zwischen 20 und 70 über ihren Mütterfrust erzählen. Die Studie, obwohl damals fast schon ein Jahr alt, wurde unter dem Hashtag #RegrettingMotherhood in den sozialen Netzwerken hitzig debattiert. Mutterschaftsreue sei doch nur ein weißes Oberschichtproblem, lautete ein – schlüssiges – Argument. Andere, konservativere Mütter hielten mit dem Hashtag #Keine-Reue dagegen und baten Mütter, ihre Glücksmomente zu schildern. Es ist nicht notwendig zu betonen, dass das Genre »Mommy Horror« im deutschsprachigen Raum besser als anderswo funktioniert. Warum nur fasziniert es Deutsche und Österreicher besonders, wenn sich Mütter offen und ehrlich darüber auslassen, wie sehr es sie nervt, Mütter zu sein? Was können wir dabei über unser Mutter-, und noch wichtiger, unser Stiefmutterbild lernen?

Jede Epoche hat ihr eigenes Mutterbild. Unsere Erwartungen und Wertungen stehen dabei in einer uns oft unbewussten Tradition. Mehr darüber zu erfahren, öffnet den Blick auf die Vorurteile der Gegenwart. Es kann durchaus sein, dass Französinnen im Umgang mit ihren Kindern gelassener sind, weil es in den oberen städtischen Schichten seit dem 18. Jahrhundert üblich war, die eigenen Kinder an Ammen zur Pflege und Gouvernanten zur Erziehung zu übergeben. Auch in der Berner Oberschicht war das bis weit ins 20. Jahrhundert ein völlig akzeptiertes Phänomen. Ihr Muttersein war ein soziales, nicht automatisch ein biologisches. Den auch heute nach wie vor sehr populären Anspruch, gute Mutter ist nur, wer seinem Kind seine eigene Milch schenkt, kannten sie gar nicht. Man muss gut 500 Jahre in die Geschichte des Mutterseins zurückgehen, um zu verstehen, warum wir es heute zwischen Wien, Berlin, München und Hamburg immer noch normal finden, dass gute Mütter mindestens ein Jahr bei ihren Kindern zu Hause bleiben, bevor sie sie in eine Krippe oder zu einer Tagesmutter geben, warum es gesellschaftlich akzeptiert, ja sogar erstrebenswert ist, dass auch gut ausgebildete Frauen nach der Babypause erst einmal Teilzeit arbeiten, um mehr Zeit in die Erziehung ihres Kindes zu stecken, und warum es gang und gäbe ist, dass sich nach dem zweiten Kind die altmodische, traditionelle Rollenverteilung auch bei jungen Elternpaaren quasi natürlich ergibt.

Zu Martin Luther etwa, dem Erfinder eines Familienideals, das paradoxerweise bis heute gültig ist. Auf dem Weg zurück in die Vergangenheit stoßen wir auch auf interessante Alternativmodelle zur klassischen Vater-Mutter-Kind-Familie, wie wir sie heute verstehen, die ja im Grunde, genauso wie die Entdeckung der »Kindheit« als Lebensabschnitt, ein Produkt des Bürgertums des 19. Jahrhunderts ist, also historisch relativ jung. Und wir können einen genaueren Blick auf diese alternativen, sippenartigen Formationen werfen, die bisweilen frappante Ähnlichkeiten mit den heutigen Patchwork-Familienstrukturen haben.

Dass wir heute so viel über das Denken, Fühlen und das Rollenverständnis von Menschen in früheren Zeiten wissen, verdanken wir der französischen Historikerschule der »Annales«. Deren Vertreter interessierten sich nicht für Kaiser- und Königshöfe,

Schlachten und Kriege, Feldherrnstrategien und Heiratspolitik. Sondern sie erforschten beispielsweise, was Männer und Frauen vor und nach der Französischen Revolution, vor und nach dem Ersten Weltkrieg und in der Gegenwart unter einer »guten Ehe«, einer »guten Mutter«, der »richtigen Erziehung« oder Begriffen wie »Ehre«, »Anstand« und »Pflicht« verstanden. Philippe Ariès ist einer der wichtigsten Historiker dieser Bewegung, feministische Historikerinnen und Soziologinnen wie Elisabeth Badinter und in Deutschland vor allem Barbara Vinken untersuchten mit den Annales-Methoden die Frauenbilder im Wandel der Zeiten. Vinkens Buch »Die deutsche Mutter«, auf das in diesem Kapitel noch öfter Bezug genommen wird, ist inzwischen ein moderner Klassiker. Und sollte eigentlich Pflichtlektüre für jede Mutter und Stiefmutter sein.

Was macht eine gute Mutter in Deutschland, Österreich und der Schweiz aus? Die Antwort unterscheidet sich jedenfalls von denen, die man in Dänemark, Finnland, Norwegen oder Schweden zu hören bekäme.

Diese Länder werden nach einer populären Kategorisierung der deutschen Sozial- und Politikwissenschaftlerin Susanne Schunter-Kleemann zu den »patriarchalischen Marktwirtschaften mit Ansätzen zu egalitären Arbeits- und Sozialstrukturen« gerechnet. In Deutschland, Österreich, der Schweiz, den Niederlanden und Luxemburg dominiert hingegen der »ehebezogene Patriarchalismus«. Belgien, Frankreich und Italien fallen in die Kategorie »familienbezogener Patriarchalismus«. Das Hauptproblem des deutschen, österreichischen und Schweizer Typus ist: Er unterstützt Frauen und Mütter am wenigsten dabei, ihre eigene Existenz abzusichern.

Die deutsche Soziologin Ilona Ostner unterscheidet zwischen einem Wohlfahrtsstaat nach dem »starken Ernährermodell«, wie es Deutschland und Österreich verfolgen, das darauf ausgerichtet sei, eine lange Berufsunterbrechung von Müttern und die dadurch entstehenden »Einbußen an Erwerbseinkommen« aufzufangen. Und dem »schwachen Ernährermodell« in Schweden und Dänemark, in dem die Existenz der Frauen nicht auf der des Mannes aufbaut. Ziel des zweiten Modells sei eine Mobilisierung der Mütter zur Berufstätigkeit, was nicht zuletzt durch Kinderbetreuungseinrichtungen gefördert wird. Als drittes Modell sieht Ostner das »moderate Ernährermodell« und nennt Frankreich und Belgien als Beispiele, wo neben Geldleistungen im Fall privater Kinderbetreuung auch eine flächendeckende öffentliche Kinderbetreuung sichergestellt wird.

In der Lebensrealität verweilt die deutsche oder österreichische Mutter länger in Karenz als andere Mütter in Europa und arbeitet danach bevorzugt Teilzeit. Mittlerweile sind es 48 Prozent der unselbstständig erwerbstätigen Frauen Österreichs, die Teilzeit arbeiten. Der Hauptgrund dafür sind die Betreuungspflichten – zumeist für Kinder, immer öfter aber auch für pflegebedürftige Erwachsene. Mutter werden heißt für Frauen im deutschsprachigen Raum also immer noch, einen neuen Lebensabschnitt zu beginnen, in dem sich alles grundlegend ändert – und dafür deutliche Einkommensverluste in Kauf zu nehmen. Sich letzten Endes für die Kinder also zurückzunehmen, für sie da zu sein, sich aufzuopfern. Das »Wiedereinstiegsmonitoring« der österreichischen Arbeiterkammer zeigt regelmäßig starke Einkommensverluste für Frauen. Die Hälfte der Frauen mit Geburten im Jahr 2010 hatte vor der Geburt ein Bruttoeinkommen von mindestens 2000 Euro, im fünften Jahr danach kamen nur mehr 31 Prozent auf diese Summe. Ergebnisse aus den Jahren 2006 bis 2009 mit längeren Nachbeobachtungszeiträumen von bis zu acht Jahren zeigten, dass auch in den Folgejahren die Einkommen der Frauen nur sehr langsam steigen.

Im Gleichstellungsbericht des Weltwirtschaftsforums belegt Österreich beim Gender Gap Report 2016 folglich immer noch Platz 52 – auch wenn es sich im Selbstverständnis als modernes Land sieht, in dem Gleichberechtigung gelebt wird. Deutschland liegt auf Platz 13. In Island, Platz eins in diesem Ranking, nutzen beispielsweise 90 Prozent der Väter ihren Anspruch auf

»Geburtskarenz«. Das Karenzmodell sieht drei Monate für den Vater und drei Monate für die Mutter vor. Weitere drei Monate können individuell aufgeteilt werden. Verzichtet der Kindsvater auf seine Karenzzeit, verfällt diese. Die Frage, ob ein Mann ebenso gut auf ein Kleinkind aufpassen kann wie eine Frau, stellt in Island niemand. Die Vorstellung, dass ein Elternteil länger beim Kind zu Hause bleiben sollte – und zwar im besten Fall die Mutter –, würde nur belächelt werden.

Dieses aufopferungsvolle Mutterbild ist in der deutschen Kulturgeschichte tief verankert. Es ist ein »altehrwürdiges Produkt des Protestantismus«, geboren im Projekt der Reformation, ist Barbara Vinkens zentrale These in ihrem Buch »Die deutsche Mutter«. Dieses Mutterbild ist uns in der Tat so völlig vertraut, weil wir es über 500 Jahre lang verinnerlicht haben und es, in Wandlungen, all die Zeit überdauert hat.

Es löste die christliche, spirituelle, geistliche Mutterschaft ab, die für Männer wie Frauen als eine der höchsten Tugenden galt, als vollkommene Karitas.

Die frühchristlichen Bewegungen zogen Frauen (und Männer) gleichermaßen an und kannten eine stark ausgeprägte Form der Heiligenverehrung, die bis heute im christlich-katholischen Marienkult fortlebt. Wer jungfräulich und unverheiratet bleiben wollte, fand im Klosterleben eine neue Familie, neue geistige Bande. Das frühe Christentum schuf damit eine Alternative zur klassischen, vom Paterfamilias und den Gesetzen des Blutes und der Fortpflanzung geprägten Familie. Mit Familie heute hatten die damaligen Formationen wenig gemein, die Liebesheirat ist ein bürgerliches Ideal, das erst viel später entstand. Diese frühchristlichen Klöster muss man sich vielleicht wie asketische Kommunen vorstellen, die weltabgewandt, befreit von weltlichen Gütern und Lastern und aller irdischen Mühsal lebten. Für Frauen waren Klöster damals aber auch eine begehrte Möglichkeit, ein eigenständiges, selbstbestimmtes Leben ohne Mann und Kinder (deren Geburt und

Aufzucht in Zeiten hoher Kinder- und Müttersterblichkeit viel gefährlicher und mühseliger war) zu leben. Nicht zu unterschätzen ist auch die Erotisierung der mütterlichen Liebe, die sich in der Kunst der damaligen Zeit in vielen Marien- und anderen Mütterdarstellungen findet.

Und dann kam Luther: Martin Luther (1483–1546), selbst ein entlaufener Mönch, und seine Frau Katharina von Bora, eine ehemalige Nonne, setzten Anfang des 16. Jahrhunderts den christlichen Klöstern das Ideal des protestantischen Pfarrhauses entgegen. Aus dem christlichen Ideal von Weiblichkeit, der keuschen, spirituellen Nonne, wurde die gottgefällige Hausfrau und Mutter. Die spirituelle Kraft, der Zugang zu Gott, der vorher für Mönche und Nonnen gleichermaßen möglich war, wurde jetzt Sache des Mannes. Die Rolle der Frau war es, Mutter und Kindererzieherin zu sein.

Man kann den Protestantismus als emanzipatorisch ansehen, weil er Frauen zum Studieren und Weiterbilden anregte, damit sie ihrem Mann eine starke Partnerin und den Kindern eine gute Mutter und Erzieherin sein konnten. Gleichzeitig zementierte Luther die Ehefrau als das Role Model für Frauen ein, das es bis heute vielfach noch ist. Jungfrau, Märtyrerin, Braut Christi, Äbtissin, Heilige – vorbei. Ehefrau und Mutter waren das erstrebenswerte Ideal, die Familie wurde zur Keimzelle, zur wichtigsten Einheit der Gesellschaft. Damit verschwand auch eine fast tausend Jahre lang »gewachsene Tradition des klösterlichen Zusammenlebens in ›Familien in Christus‹, die in äußerster Sinnlichkeit geschlechtliche Beziehungen spiritualisiert hatten« (Vinken). Vor allem aber verschwanden die Frauen aus dem öffentlichen Leben und die großen Frauenfiguren wie Katharina von Siena, Theresa von Ávila oder die Äbtissin des Frauenkonvents Le Paraclet und Ehefrau des Theologen Peter Abaelard, Héloïse, aus dem kollektiven Gedächtnis. Gut möglich, dass das Leben in solchen Konventen, in denen wie im Falle Le Paraclet nur zwanzig Personen zusammenlebten, gewisse Ähnlichkeiten mit heutigen Patchworkfamilien hatte. Denn anstelle von »weitläufigen Verwandtschaftsverhältnissen und Gemeinschaften, wie sie durch die Klöster dargestellt wurden, trat ein von verheirateten Männern repräsentiertes Gefüge von Haushalten«, schreibt Vinken. Es stellt bis heute das gesellschaftlich erwünschte Ideal dar. Jede Patchworkbeziehung beginnt mit dem »Scheitern« der vorangegangenen Beziehung. Sie ist nie erste Wahl, sondern Kompromiss und ein wenig vielleicht auch Notlösung, Luthers Wirkungsmacht sei Dank.

Der Theologe Luther positionierte die Frau als Ehefrau und Mutter an der Seite des Mannes im Haushalt. Gut zweihundert Jahre später lud Jean-Jacques Rousseau (1712–1778) – Schriftsteller, Philosoph, Pädagoge, Naturforscher und Parade-Figur der Aufklärung – die lutherische Mutter zu der uns auch sehr gegenwärtig erscheinenden Figur der natürlichen, hingebungsvollen guten Mutter weiter auf. Das alles geschieht vor dem Hintergrund des bürgerlichen Aufbegehrens gegen den Adel. Bei Rousseau ist die adelige Frau eine »femme du monde«, eine Dame von Welt oder »Weltweib«. Korrupt, eitel, urban, dekadent, aufgetakelt, überkandidelt, sexuell ausschweifend, auf sich selbst bezogen und nicht in der Lage, eine gute Mutter zu sein. Dem stellt er das Ideal der sittlichen, tugendhaften, natürlichen, bürgerlichen, anmutigen und treuen Frau gegenüber. Wie so oft ist die Frage, ob eine Frau ihr eigenes Kind stillt oder nicht, es also etwa einer Amme gibt, zentral. Rousseau propagiert das Stillen, das sich in Frankreich, ausgehend von bürgerlichen Haushalten, die für seine Gedanken empfänglich sind, zögerlich auch bei Wohlhabenderen durchzusetzen beginnt. Bis dahin wäre es bessergestellten Müttern nicht im Traum eingefallen, ihr Kind selbst zu stillen. Man nahm sich dafür eine Amme ins Haus. Ärmere Frauen gaben das Kind weg zu einer Amme, damit sie arbeiten gehen konnten. Uneheliche Kinder wurden oft in Waisenhäusern oder Klöstern versorgt. Stillen und Kleinkindpflege waren Aufgaben, die ausgelagert waren.

Mit Rousseau und später dem Pädagogen Johann Heinrich Pestalozzi (1746–1827) wurden nicht nur Kinder als Subjekte entdeckt und die Kindheit als eigener Lebensabschnitt wahrgenommen, sondern es entstand auch die bis heute vor allem in bürgerlichen und gebildeten Familien vorherrschende Idee von der Familie als Ort der Prägung und Erziehung. Rund um das Kind gruppierte sich die Rousseau'sche Familie neu als geschlossene, private, intime Einheit, deren Aufgabe es war, der nächsten Generation abseits von Name, Stand und Eigentum auch Werte, Erziehung, Bildung mitzugeben. Im Zentrum dieser Familie stand die natürliche, kluge, anmutige und natürlich biologische Mutter, die »richtige Familienmutter«, wie Rousseau sie nennt. Sie ist allerdings nur für die Kleinkind- und Herzensbildung zuständig und für die Erziehung der Töchter zu zukünftigen Müttern. Söhne sollten vom Vater erzogen werden. Männer- und Frauenwelten entstehen mit eigenen Tugenden und klar getrennten Aufgaben.

Die romantischen Vorstellungen Rousseaus prägen uns bis heute. Im Grunde findet sich dieses Prinzip im bürgerlichen Elitendenken bis dato wieder. Die Mama kümmert sich in der privaten Sphäre um die Herzensbildung, der Papa schaut später darauf, dass das Kind fürs öffentliche Leben gerüstet ist.

Der Schweizer Pädagoge Pestalozzi lieferte dann das Rüstzeug für die nun als Erzieherin noch stärker geforderte, bürgerliche Mutter. Vinken beschreibt sehr treffend, dass Pestalozzi sein Hauptwerk »Buch der Mütter« zwar nie vollendete, sein Buchprojekt aber in Form unzähliger Mütterratgeber, geschrieben von Psychologen, Pädagogen und Therapeuten, bis heute weiterlebt. Der Gedanke, dass, wer Mutter wird, Pädagogin und Erzieherin in einem sein soll, deswegen natürlich Teilzeit arbeitet, auch wenn sie studiert hat, damit sie ihren Kindern eben eine qualitätsvolle, gebildete Kinderstube bieten kann, ist in »besseren Kreisen« nach wie vor die Norm. Und immer ist es die eigene, biologische Mutter, die kraft ihres natürlichen Mutterinstinkts weiß, was das Beste für ihr Kind ist. Stiefmütter oder andere Muttervarianten haben keinen Platz. Auch intellektuelle Frauen nicht, weil die höhere Bildung ist Sache der Väter. Pestalozzis Mutter ist eine, die sich auf die Kleinkinderziehung konzentriert und die vielen Aufgaben, die früher Ammen, Hauslehrer, Gouvernanten erfüllt haben, übernimmt. Ihre Sphäre ist das private Leben, das Zuhause. Auch Pestalozzis Idealbild der Mutter richtet sich gegen die Adelige, seine ideale Mutter ist natürlich eine Bürgerliche.

Sigmund Freud, Vater der Psychoanalyse, sollte dieses Mutterbild dann noch weiter aufladen, die absolut hingebungsvolle, gleichzeitig masochistische wie narzisstische Mutter wurde zum Dreh- und Angelpunkt für die gesunde psychische Entwicklung des Kindes – oder ihr Gegenteil. Egal ob sie narzisstisch gestört, impotent, neurotisch oder psychopathisch war: Die von Freuds Thesen inspirierte »Weibliche Presse« an Frauenzeitschriften ließ in den USA nach 1945 ein eigenes, zeitweise sehr populäres Bild der »guten« oder »schlechten« Mutter und ihrer »triebhaften Natur« entstehen, ärgert sich schon die Historikerin Elisabeth Badinter in ihrem Buch »Die Mutterliebe«.

Zurück in die Zeit der Aufklärung. Kluge Herrscherhäuser fusionieren die neuen, bürgerlichen Ideen von natürlicher Mütterlichkeit mit ihren Traditionen und kreieren einen neuen, aufgeklärten, volksnahen, natürlichen Repräsentationsstil. Kaiserin Luise von Preußen (1776–1810) ist ein Beispiel für so eine Monarchin, Kaiserin Maria Theresia von Österreich (1717–1780) ein anderes. Auch in den bürgerlichen, moderaten Frauenbewegungen Anfang des letzten Jahrhunderts lebt dieses sehr spezifisch deutsche Mutterbild der Prägung Luthers, Rousseaus und Pestalozzis weiter. Bürgerliche Feministinnen fokussierten auf die Mütterlichkeit und Hausfrauenarbeit, die professionalisiert, kultiviert, gefördert, gesellschaftlich wertgeschätzt, am Ende sogar mittels Hausfrauenlohn entlohnt werden sollte. Sie propagierten den Wert der »Mütterlichkeit« an sich, die einen kultivierenden, ausgleichenden Einfluss auf die Arbeitswelt haben könnte – als Gegenentwurf zum kalten, mechanischen, kapitalistischen und männlichen Part in der Welt. Sie schreiben damit das lutherische Prinzip des weiblichen und männlichen Raums fort. Wie oft haben wir zuletzt nicht von »weiblichen« Führungsqualitäten gehört, die Unternehmen so viel mehr bringen würden? In den skandinavischen Ländern setzte sich dieser ethische Feminismus in den Jahren nach dem Zweiten Weltkrieg – anders als in Deutschland und Österreich – in der Gesellschaft dann auch durch. Frauen sind dort mehrheitlich in den »menschlichen Berufen« des Sozialstaates und des Gemeinwohles tätig. Die Politik der Mütterlichkeit hat sich auf breiter Ebene durchgesetzt, dass beide Partner Vollzeit arbeiten, ist normal, dass sie sich Kinder- und Haushaltsarbeit teilen, ebenfalls.

Schon zu Rousseaus Zeit wurde das Idealbild der Mutter national und politisch aufgeladen. Eine gute Mutter war man nicht nur seinem Kind, sondern auch dem Volk, in dem man lebte. Die Nationalsozialisten haben die deutsche Mutter nicht erfunden, aber den Mutterkult massiv intensiviert. Für Adolf Hitler war die Mutter die wichtigste Bürgerin im Staat, der Nationalsozialismus sah sie als Produzentin von rassisch reinen Kindern. Die Familie als Einheit wurde zugunsten sozialistischer und kollektiver Einheiten zurückgedrängt. Jedes Kind, sofern es der NS-Rassenideologie entsprach, war dem Führer recht, egal ob die Mutter verheiratet war oder nicht. Es war im Grunde ein Kind für den Führer, für das Volk, zum Erhalt der »Rasse«. Die Nationalsozialisten etablierten sehr rasch Jugendorganisationen, nach Geschlecht getrennt, um die Kinder von klein auf in die Gesellschaft einzugliedern. Muttertag und Mutterkreuz huldigten den Frauen, die gebären, die Geburt wurde zur Schlacht hochstilisiert, die die Frauen zu schlagen haben, während sich die Männer an der Front beweisen. Die nationalsozialistische Mutter war stark, gebärfreudig, erdverbunden, aber auch unabhängig und bis zu einem gewissen Grad emanzipiert, im Sinne einer Emanzipation von Haushalt und Ehemann. Mutterschaft war Dienst am Volk, im Sinne der Demografie.

Auch wenn wir es ungern wahrhaben, auch diese Ideologien prägen uns nach wie vor. Deswegen ist die Frage: »Was macht eine gute Mutter aus?«, so eine typisch deutsche und österreichische. Sie ist hochmoralisch, fundamentalistisch umkämpft und umstritten. Mutterschaft und Elternschaft und die Rettung des Vaterlandes – das geht Hand in Hand. Wie sehr sich diese Traditionen selbst siebzig Jahre nach Ende des Zweiten Weltkrieges in den Köpfen der Deutschen und Österreicher gehalten haben, sollte die »Demografiedebatte« der Nullerjahre zeigen. Aber dazu später.

Kein Wunder, dass die Mütter der Nachkriegszeit den klaren Bruch zum Dritten Reich wollten und wieder Zuflucht im klassischen Familien- und Mutterbild suchten. Die deutsche Mutter, die ihre Kinder zu Hause erzieht, deren Sphäre das Private ist, während ihr Mann am Wiederaufbau rackert, wurde zum Ideal. Als dann in der ehemaligen DDR ein extrem gut ausgebautes Krippen- und Kindertagesheim-System entstand, damit die Frau, dem sozialistischen Ideal entsprechend, voll berufstätig sein konnte, versteiften sich Westdeutschland und das am Rande des Eisernen Vorhangs gelegene »kleine« Österreich noch mehr auf die traditionelle Mutterrolle. Wir werden unser Kind doch nicht außer Haus geben! Das roch einfach zu sehr nach Staatssozialismus.

Inzwischen weiß die jüngere Müttergeneration in ehemals ostdeutschen Städten wie Berlin, Leipzig oder Dresden es sehr zu schätzen, dass es so viele »Ex-DDR«-Kitas gibt, weil immer weniger Paare ihr Leben auf Basis des Alleinverdienermodells finanzieren können. Aber für die Mehrheit bleiben Krippen, Tagesheime und Ganztagesschulen staatssozialistische Umerziehungsanstalten, die den Eltern die Kinder entziehen und ihnen bei der Bewältigung des Alltages nicht helfen. Ganztagesbetreuung hat nach wie vor einen ideologischen Beigeschmack, anders als in Frankreich, wo sie selbstverständlich ist.

Familienpolitik in Deutschland (ausgenommen in den Jahren, in denen die DDR existierte) und Österreich hat sich bis Mitte der Nullerjahre ausschließlich darauf konzentriert, Teilzeitarbeit eines Elternteils – also meistens der Mutter – zu fördern. Sie setzte auf partnerschaftliche Aufteilung in der Familie und nicht, wie etwa in Frankreich, Dänemark und anderen Ländern, auf die Stärkung außerfamiliärer Betreuung. Die Frau war aus ihrer Sicht zuallererst Ehefrau und Mutter, und dann berufstätige Bürgerin. Die Ehe war ihre politische Einheit, Patchwork kam in ihrer Gedankenwelt schon gar nicht vor.

Sie tat das mit einer bemerkenswerten Kontinuität, egal ob sozialdemokratische oder konservative Ministerinnen das Sagen hatten, völlig ignorant gegenüber der Tatsache, dass ihre Politik weder die Geburtenrate steigen ließ noch den Gender Pay Gap, also die Gehaltsschere zwischen Frauen und Männern, verkleinerte. Sie konzentrierte sich vor allem auf die finanzielle Unterstützung der Eltern und die Subventionierung der nicht oder Teilzeit arbeitenden Mutter, meist durch direkte, monetäre Familienförderungsleistungen oder durch Steuer- und Versicherungsregelungen wie in Deutschland etwa das besonders umstrittene Ehegattensplitting, und setzte nicht auf den Ausbau von Kinderbetreuungsinstitutionen wie Krippen, Kindergärten und Ganztagsvolks- und -mittelschulen (Grundschule bzw. Sekundarstufe).

Diese Kontinuität ist bemerkenswert, ist doch die Hausfrauenehe schon Mitte der 1970er-Jahre ins Wanken geraten. Bis dahin galten Frauen, die arbeiten gehen mussten, als bemitleidenswerte Wesen, deren Mann es sich leider nicht leisten konnte, dass seine Gattin zu Hause bleibt. »Wir können es uns leisten, Schatz. Du musst nicht arbeiten«, diesen Satz hören Frauen natürlich bis heute, damals war er die Norm. 1963 wurde in Deutschland, 1974 in Österreich das Gesetz abgeschafft, das Frauen die Zustimmung ihres Mannes abnötigte, damit sie überhaupt arbeiten gehen durften. Davor mussten sie ihren Partner tatsächlich formal um Erlaubnis bitten, aus heutiger Sicht undenkbar. Genauso undenkbar wird es in dreißig Jahren vermutlich wirken, dass es in Deutschland und Österreich von den 1970er- bis in die 2000er-Jahre eine lange Phase der irrationalen, weil folgenlosen Familienförderung gab. Simone de Beauvoirs bahnbrechendes Buch »Das andere Geschlecht« erschien überhaupt schon im Jahr 1949. Beauvoir trat darin schon damals für die wirtschaftlich selbstständige und unabhängige Frau ein, vor, während und nach der Ehe, weil nur so könne sie sich wirklich emanzipieren. Für die Französin war es unbegreiflich, wie sich Frauen mit der Heirat in die ökonomische Abhängigkeit eines Mannes begeben können und sich ihm damit auf allen Ebenen ausliefern. Das macht Beauvoir natürlich auch zu einer Vordenkerin für alle, die heute in Patchworkfamilien leben. Weil auch hier finden selbstständige, unabhängige Personen zusammen, die an ihre Partnerschaft im besten Fall natürlich lebenslanges gegenseitiges Sorgen und Kümmern knüpfen, aber kein »Versorgen« mehr im klassischen Ehe-Sinn.

Das große Umdenken kam in Deutschland erst im Jahr 2007, als die damalige Familienministerin Ursula von der Leyen, eine Konservative, das 14-monatige einkommensabhängige Elterngeld als Lohnersatzleistung einführte. Für die damalige Kanzlerin Angela Merkel war es eine »kopernikanische Wende« in der Familienpolitik – zu Recht. Von der Leyen, selbst siebenfache Mutter, boxte ein komplett neues Modell durch, das sich stark am skandinavischen Modell orientiert. Deutsche können seitdem statt 24 Monate mit »Erziehungsgeld« nur mehr 14 Monate mit »Elterngeld« in Karenz gehen, bekommen dafür aber zwei Drittel ihres Letztgehalts – maximal 1800 Euro. Gleichzeitig rang von der Leyen den Ländern ab, Geld in den Ausbau der Betreuungsplätze zu investieren, und machte die Kosten für Nanny oder Kita steuerlich absetzbar. Die österreichische Regierung zog 2008 nach und schuf ebenfalls erstmals ein einkommensabhängiges »Kinderbetreuungsgeld«, das Mutter und Vater insgesamt für 14 Monate beziehen können. Die alten Förderungsvarianten mit viel niedrigeren Pauschalsummen, die sogar bis zu 36 Monate bezogen werden können, blieben parallel dazu aber weiter bestehen. Sehr zum Ärger der Experten. Denn der Dreiklang aus höherem, dafür kürzerem Elterngeld, massivem Ausbau von Kindergärten für unter Dreijährige und steuerlicher

Begünstigung für Eltern, die ihre Kinder außer Haus betreuen lassen, gilt als zeitgemäße Antwort auf die Bedürfnisse von Doppelverdienerhaushalten in der modernen, flexiblen Arbeitswelt. Auch weil sie den Fokus weg von der arbeitenden Mutter hin zum arbeitenden Vater lenkt. Nur wenn sich der Einkommensverlust bei einer Vaterzeit in Grenzen hält, gehen Männer in Karenz, wie das Beispiel Schweden zeigt: Dort bekommen Eltern 80 Prozent ihres Letztgehalts. Der Anteil der Väter in Karenz liegt bei 85 Prozent.

Ein interessanter Nebenschauplatz im Zuge der »kopernikanischen Wende« war die Debatte über die steuerliche Absetzbarkeit von Kindermädchen. »Dienstmädchenprivileg« tönte es da aus der Sozialdemokratie in Deutschland wie Österreich. Da schwang eine gehörige Portion »ethischer Feminismus« und »Klassizismus« gleichermaßen mit. In der Logik dieser feministischen Strömung wird das Engagement eines Kindermädchens oder einer Haushaltshilfe nicht als Schaffung eines neuen Arbeitsplatzes, sondern als Etablierung eines weiteren Ausbeutungsverhältnisses gesehen. Und natürlich bringen Vollzeit arbeitende Mütter auch eine Renaissance des Dienstpersonalwesens mit sich. Babysitterinnen, Au-pairs, Putzfrauen, vor allem Pflegerinnen gehören, wie einst in den großbürgerlichen Haushalten des 19. Jahrhunderts, wieder zum Familienleben dazu. Osteuropäische Frauen, die in der »Care«-Industrie arbeiten, erleiden dadurch in Europa einen enormen Bildungsabstieg. In den USA sind es Lateinamerikanerinnen und Philippinas. Diese Frauen – es sind vor allem Frauen – zu versichern, sozialrechtlich abzusichern, ihnen gerechte Gehälter zu zahlen, ist ein zentrales Thema für unsere Gesellschaft. Zumindest, solange es einen eigentlich maskulinen Lebensweg braucht, um die von Simone de Beauvoir geforderte Unabhängigkeit zu erlangen. Vollzeit arbeiten, eigene Versicherungszeiten erwerben, eigenen Pensionsanspruch aufbauen. Diese Wege funktionieren nur mit jemandem, der im Hintergrund die Familien- und Hausarbeit erledigt.

Die sozialdemokratischen Frauenpolitikerinnen fragten also berechtigterweise: Wozu private Ausgaben für die Kinderaufsicht staatlich begünstigen, wenn es doch Krippen, Kindergärten und Horte gibt? Zuerst müsse man diese noch weiter ausbauen, denn das brächte allen arbeitenden Müttern etwas. Allen voran den weniger Privilegierten. Erst dann könne man sich den Problemchen der Bessergestellten widmen, lautete das Argument der damaligen österreichischen Frauenministerin Doris Bures.

Aber es schwang auch ein wenig Irritation mit, dass ausgerechnet bürgerliche Frauenpolitikerinnen mit einem Mal die Probleme jobbender Mamis thematisierten, schließlich war das über Jahrzehnte klar sozialdemokratisches Terrain. In deren Zentrum stand die sozial unterprivilegierte, arbeitende und oft auch noch alleinerziehende Frau und Mutter, die zuallererst mit staatlichen Betreuungsangeboten versorgt werden muss. Die Bürgerlichen waren für das Hochhalten der von einer maximal Teilzeit arbeitenden Mutter umhegten Familie als »Kernzelle der Gesellschaft« zuständig. Aber spätestens Mitte der Nullerjahre realisierten bürgerliche wie sozialdemokratische Politikerinnen, dass die klassenkämpferische Fokussierung auf die »alleinerziehende Supermarktkassiererin« als rotes Role Model ebenso dürftig und mindestens so altbacken wirkte wie die noch nicht ganz verklungenen »Heim zum Herd«-Parolen der Konservativen. Denn genauso wenig wie die mütterliche Aufzucht die beste der Welt ist, reichen Kindergärten alleine für die flexiblen Bedürfnisse von Jungfamilien wie Alleinerzieherinnen aus. Die Gesellschaft war einfach viel schneller viel vielfältiger geworden, als dass die politischen Programme damit hätten Schritt halten können.

Noch spannender war aber die sogenannte »Demografiedebatte« über Deutsche und Österreicher als aussterbendes Volk und die Frage, welche Schuld Müttern und Vätern dabei zukam, die Mitte der Nullerjahre die Feuilletons beider Länder beschäftigte und diese »kopernikanische Wende« in der Familienpolitik begleitete. In ihr spiegelten sich so viele historische Mutterklischees, gleichzeitig wurden neue, progressive Familienbilder entworfen. Das macht sie zu einem schönen Beispiel, wie plötzlich und dynamisch Familie, Mutter, Vater und Kind in Zeiten gesellschaftlicher Umbrüche neu gedacht werden können. Was macht eine gute Mutter aus? Was braucht unser Land wirklich? Stiefmütter und Patchworkfamilien kamen in dieser Debatte nur am Rande vor, sie drehte sich eher um die Frage, warum gebildete deutsche Frauen so wenig Kinder bekommen und welche Antworten der Staat darauf habe. Gleichzeitig ist sie sehr aufschlussreich, weil sie den Moment markiert, in dem das traditionelle, deutsche Bild der guten Mutter erstmals breit diskutiert und hinterfragt wurde. Und damit auch Wege für neue Mütter- und Stiefmütterbilder freigeschaufelt wurden.

»Meine Krise begann mit einer Statistik, mit ein paar blanken Zahlen. Mehr als vierzig Prozent der Akademikerinnen hierzulande, las ich in der Statistik, sind kinderlos. Das wissen wir doch, dachte ich. (…) An jenem Tag aber, an dem ich in die Statistik blickte, stach mir diese Zahl mitten ins Herz. Es war mein 37. Geburtstag. Mir wurde klar: In dieser Statistik, da ging es um mich, um so viele in meinem Freundeskreis: Ich, wir waren Teil eines ziemlich deprimierenden Zahlenwerks – Teil dessen, was in Deutschland als Grundübel unserer überalternden Gesellschaft erkannt wurde.« So beschrieb es die deutsche Journalistin Sabine Magerl in der »Süddeutschen Zeitung« im Jahr 2006.

»Heute dreiundzwanzig zu sein ist ziemlich schwierig«, hatte ihre Kollegin Iris Radisch ein paar Tage zuvor in »Die Zeit« ihren Text begonnen. »Wäre ich heute dreiundzwanzig, so irritierbar, so gutgläubig, wie wir damals waren – ich glaube, ich würde verrückt werden. An allem, erzählt man den jungen, gut ausgebildeten Frauen, sollen sie schuld sein. Daran, dass die Republik um ihren Alterswohlstand bangt und sich vor islamischer Überfremdung fürchtet, an den unschönen Dellen am demografischen Kegel, an den ungedeckten Kosten für Gehhilfen und Gebisse und überhaupt: am Kollaps des Westens.«

Als kinderlose Frau, egal ob mit 23 oder 37 Jahren, war man Mitte der Nullerjahre nicht mehr nur Bürgerin und Steuerzahlerin. Man war vor allem potenzielle Mutter – und als solche quasi Persona grata von nationalem Interesse. Eine Entscheidung, die im höchstpersönlichen Lebensbereich zu treffen ist, nämlich ob man ein oder mehrere Kinder bekommt oder nicht, wurde – von einer permanenten öffentlichen Debatte begleitet – zum staatsbedeutsamen Unterfangen. Egal wie man sich entschied, für Kinder oder dagegen, für eine längere Auszeit bei »Heim und Herd« oder nur für eine Minimum-Karenz – es wurden (und werden immer noch) Rechtfertigungen erwartet.

Bekommt man keine Kinder, trägt man, überspitzt formuliert, die Schuld am Untergang des Abendlandes. Bekommt man nur eines, züchtet man Egoisten heran, die später das Psychotherapiebudget der Sozialkassen belasten. Bekommt man viele, muss man Zweifel an seiner Intelligenz ertragen (war sie nicht gut genug für ihren Job?). Geht man nach der Geburt seines Kindes wieder voll arbeiten, ist man eine Rabenmutter, arbeitet man Teilzeit, vernachlässigt man mit Sicherheit seinen Job (von der Karriere gar nicht zu reden), und arbeitet man gar nicht, ist man als Hausmütterchen abgestempelt. Es ist sogar eine »Art von Bekenntnisliteratur« entstanden, in der Frauen oder Männer sagen oder sagen müssen, warum sie Kinder haben oder nicht. »Kinderlos, na und?« nannte die in Wien lebende Journalistin Birgit Kofler ihr Buch.

Mitausgelöst hatte die Debatte über kinderlose Akademikerinnen und das aussterbende Volk ein Buch des verstorbenen »FAZ«-Herausgebers Frank Schirrmacher mit dem markigen Titel »Das Methusalem-Komplott«, erschienen im März 2004. 2006 legte Schirrmacher mit »Minimum« nach. Schirrmachers Werk war nicht das erste, das mit wohl kalkuliertem Blick auf Auflagenpolitik eine wieder erwachte Lust am Kulturpessimismus bediente. Hatte er im »Methusalem-Komplott« wortgewaltig vor den Folgen einer vergreisenden Gesellschaft gewarnt, zeichnete er in »Minimum« das Zerrbild einer selbstsüchtigen Gesellschaft, in der der Egoist König ist, Kinder Mangelware sind und Familienwerte nichts mehr zählen. Sinkende Geburtenraten würden nicht nur das Pensionssystem unfinanzierbar machen, sondern auch die Gesellschaft destabilisieren. »Familien sind die verlässlichsten Sozialisationsmaschinen. Und durch ihr Verschwinden fehlt auch das Bewusstsein für das, was man moralische Ökonomie nennt«, meinte Schirrmacher etwa in »profil«. Nebenbei rechnet er in »Minimum« lustvoll mit den Idealen der 68er ab, denen er die Hauptschuld für die Entsolidarisierung im heutigen Deutschland gibt. Der Trendforscher Matthias Horx sprach vom »Gefühlsterrorismus des moralinen Feuilletons« und »Wagnerianisch Aussterben«.

Was das nun alles mit den Frauen zu tun hatte? Viel, zumindest in Schirrmachers Augen. Denn Hilfe aus der Misere, in der sich die aussterbenden Industriegesellschaften befinden, versprach seiner Meinung nach nur »ein Minimum an wachsenden Familien, damit die Selbstlosigkeit, die in Familien produziert wird, in der Gesellschaft spürbar wird«. Sein messerscharfer Schluss, der von einer Vielzahl an Nachschreibern in deutschen Leitmedien geteilt wurde: Frauen sind Mütter, Schöpferinnen des Lebens und Garantinnen des sozialen Zusammenhalts, und daher »Retterinnen des Abendlandes«. »Es sind die Frauen, die die Kinder in die Welt setzen. Gleichzeitig sind es hochqualifizierte Frauen, ohne die auch der Arbeitsmarkt nicht auskommen wird. Frauen werden gebraucht als sozialer Kitt, als Organisatoren und einfach als widerstandsfähigeres Geschlecht (…). Und es waren auch die Frauen, die Erfolg damit hatten, weil sie die Gabe der Selbstlosigkeit und Aufopferungsfähigkeit besaßen. Sie sind es wahrscheinlich auch, die unseren Kindern Mut machen können, selbst wieder Kinder in die Welt zu setzen«, fasste »Der Spiegel« Schirrmachers Buch zusammen.

Das war Mütterismus pur: Nachdem die Frauen dank Emanzipation und Feminismus in den letzten drei Jahrzehnten des 20. Jahrhunderts auf dem Weg der Gleichberechtigung ein Stückchen weitergekommen waren und gelernt hatten, mit der

Doppelbelastung Familie und Beruf einigermaßen zu Rande zu kommen (den meisten gelang und gelingt es ohnedies nicht), rief das schwache Geschlecht erneut nach ihr. Nun sollen sie schnell mal im Vorbeigehen zusätzlich auch noch die – nicht zuletzt dank ihrer Vernachlässigung krank gewordene – Gesellschaft wieder gesund pflegen.

Vordergründig kam dieser Hilferuf vielleicht sogar ganz schmeichelhaft daher. »Ohne euch geht eben gar nichts mehr«, könnte man Schirrmachers »Minimum« auch zusammenfassen. Hinter dieser galanten Aufforderung witterten aber nicht nur Frauen prompt den Rückgriff auf die Frau als »Gebärende«.

Der provozierte Aufschrei der Angesprochenen ließ nicht lange auf sich warten. Als »Reproduktions-Enzyklika« verspottete die »Süddeutsche Zeitung« Schirrmachers Werk, »dass überhaupt Frauen in diesem Land bereit sind, Kinder zu kriegen, ist ein Wunder«, richtete eine Autorin der »FAZ«-Sonntagszeitung ihrem Herausgeber aus. »Gestatten Frau und Gebärmutter, ich bin hier der soziale Kitt. Wo kann ich mich hinkleben?«, ätzte die »Frankfurter Rundschau«.

Einmal mehr drehte sich die »Demografiedebatte« fast ausschließlich um die Frauen, deren veränderte Rolle in der Gesellschaft und die Folgen daraus. Um die Männer und ihre Aufgaben ging es ihnen seltsamerweise nur am Rande oder gar nicht. Bei ihnen drehte es sich nur um die »drei großen F«: Fruchtbarkeit, Familie, Frauen. Dabei wurde weniger auf die gesellschaftlichen und politischen Rahmenbedingungen eingegangen, sondern noch einmal auf altbekannte Erklärungsmuster zurückgegriffen, vermischt mit biologistischen Argumentationen. Die »evolutionsbiologische« Perspektive, in die Schirrmacher diese Probleme rückt, verwandelt soziale Phänomene in Verstöße gegen Naturgesetze. Wer aber mit »Elementargewalten« spiele, das ist Schirrmachers Botschaft, riskiere die Existenz der Gattung. Dem Glauben an die Machbarkeit der menschlichen Verhältnisse setzt »Minimum« die Macht des »Schicksals« entgegen. Wer gerade noch von der Vielfalt der Multioptionsgesellschaft überwältigt war, muss sich hier sagen lassen: »Es gibt Rollen, die wir uns nicht auswählen, sondern die uns wählen«, wie es der Rezensent der »Neuen Zürcher Zeitung«formulierte. »Welcher halbwegs emanzipierten jungen Frau würde da nicht die letzte Lust am Kinderkriegen vergehen«, hinterfragte die »Süddeutsche Zeitung« den Wert solcher Debatten auf ihre fruchtbarkeitsfördernde Wirkung. »Die Propaganda der Fortpflanzung könnte die letzten Reste von Familienbegeisterung zerstören«, befürchtete »Die Zeit«.

Immerhin, Zukunftsforscher Matthias Horx skizzierte damals schon, was Lust auf Familie macht. Zukunftsoptimismus etwa. Eine flexible Arbeitswelt für Frauen und für Männer. Mut zur andauernden Vaterschaft. Ein unterstützendes Freundes- und/oder Verwandtenumfeld. Ganztagsschulen. Familienfreundliche Dienstleistungen rund um die Uhr. Steuererleichterungen. Möglichst viele Orte, an denen Kinder nicht als Störfaktor oder Problem, und sei es nur ein feuilletonistisches, wahrgenommen werden. Und ein entideologisierter Pragmatismus, der Kinder nicht zum alleinigen Lebensinhalt hochstilisiert. Wenn mehrere dieser Faktoren zusammenkommen, wie etwa in Skandinavien oder Frankreich, steige die Geburtenrate wieder. »Fertility-Cluster« nannte Horx das.

Solche »Fertility-Cluster« tauchen vor allem in großstädtischen Milieus auf, in denen junge, gebildete Frauen und Männer ihr gewohntes, an Abwechslung und Kontakten reiches Leben als Mütter und Väter weiterführen können und nicht als »unfreiwillige Hausfrau« (oder unfreiwilliger Hausmann, was aber selten passiert) in der Villa am Stadtrand versauern. Wohl zur Überraschung vieler konservativer Politiker und Publizisten steige laut Horx gerade in jenen Stadtteilen, in denen der Schwulen-Anteil besonders hoch ist, die Geburtenrate schnell über den Durchschnitt. Ein urbanes Umfeld mit unkonventionellen Männern und Jobangeboten, in dem Kinder wie in einer Großfamilie »mitlaufen« können, statt zum »existenziellen Superprojekt« einer Partnerschaft oder gar einer ganzen Nation zu werden, nutzt einer 23- oder 37-jährigen Frau und denen dazwischen offensichtlich mehr als viele – gut gemeinte – Gebärappelle.

Patchworkfamilien mit entspannten biologischen Müttern und »belles-mères« erwähnte Horx damals noch nicht, aber sie hätten mit Sicherheit gut in seine Vision von »Fertility-Clustern« gepasst.

4. Blut ist dicker als Wasser

»Blut ist dicker als Wasser«, das ist eine Redensart, die es in jeder Sprache gibt. Im Englischen heißt es »Blood is thicker than water«, die Franzosen formulieren »Le sang est plus épais que l'eau«, die Italiener »Il sangue non è acqua«, die Spanier entweder »La sangre tira« oder »La sangre es más espesa que el agua«. Die Norweger nennen es »Blod er tykkere enn vann«, die Schweden »Blod är tjockare än vatten«. Im Slowenischen heißt es »Kri ni voda«, wörtlich übersetzt: Blut ist nicht Wasser. Die Slowaken sagen »Krv nie je voda«, die Tschechen »Krev není voda«, die Ungarn, leicht abgewandelt, »A vér nem válik vízzé« (Blut wird nicht zu Wasser). Blut steht für Verwandtschaft und das Sprichwort besagt, dass Brüder, Schwestern, Eltern und Kinder und Sippen im Zweifelsfall stärker zueinanderhalten als bloße Freunde oder einander Fremde.

Jede Stiefmutter in einer Patchworkfamilie ist früher oder später mit grundsätzlichen, tiefschürfenden Fragen konfrontiert. Wieso empfinde ich für meine eigenen Kinder – sofern sie welche hat – anders als für jene meines Partners? Wieso kann ich keine wirkliche, emotionale Beziehung zu ihm oder zu ihr aufbauen? Oder: Wieso gelingt es uns so schwer, alle Kinder gleich zu behandeln? Warum bevorzugt jeder fast instinktiv seine eigenen Kinder? Ist die Stiefmutter kinderlos, fragt sie sich vielleicht: Wieso will dieses natürliche Muttergefühl nicht in mir wachsen? Soll es das überhaupt? Oder im gegenteiligen Fall: Wie kann es sein, dass ich dieses Kind liebe, als wäre es mein eigenes, obwohl es das nicht ist?

So, wie die derzeit gesellschaftlich geforderte Normfamilie aus Vater, Mutter und ein oder zwei Kindern ein historisches

Konstrukt ist, das wir verinnerlicht haben, lässt sich auch das, was wir uns gemeinhin als »natürliche Mutterliebe« vorstellen, naturwissenschaftlich hinterfragen. Die historische Soziologie, die Soziobiologie, die Ethnologie und die Anthropologie haben dazu in den letzten Jahrzehnten sehr interessante Forschungsergebnisse vorgelegt – gerade aus Sicht von Stiefmüttern. Patchworkähnliche – und damit stiefmutterartige – Betreuungsformen gibt es nicht nur bei vielen Vogelarten wie dem Weißstirnspint (Merops bullockoides), dem nordamerikanischen Rundschwanzsperber, einer Habichtart, dem Wanderfalken, der Westmöwe, dem Sandhügelkranich und der Neuhollandkrähe, sondern auch bei vielen Naturvölkern, die in Strukturen abseits der klassischen Kleinfamilie in sippenartigen Gruppen leben. Zwar dominiert in all diesen alternativen Lebensformen letztlich das Interesse des Blutes über das des Wassers, das heißt, Verwandtschaft wird am Ende in der Tierwelt immer der Vorzug gegeben. Aber einige Tierarten haben interessante Wege gefunden, einen Kompromiss zwischen dem zu finden, was die Natur ihnen befiehlt, und dem, was sich im Laufe der Evolution für sie selbst in ihrem speziellen Umfeld als beste Lösung herausgestellt hat.

Die lebenslange Einheit Vater-Mutter-Kind ist aus soziobiologischer Sicht ganz und gar nicht die idealste aller Familienformen, einmal abgesehen davon, dass sie aus der Perspektive des männlichen Gen-Gebers vielleicht am ehesten garantiert, dass seine Frau nur von ihm die Kinder bekommt. Es gibt Forscher, welche die gegenwärtige Auflösung traditioneller Familienformen hin zur seriellen Monogamie als eine Spielart der Polygamie sehen, und damit als eine Art Rückkehr zu sippenartigen, gemeinschaftlichen Lebensformen, wie sie früher üblich waren. In diesen archaischen, nomadischen Zeiten waren Stiefmütter oder ihnen ähnliche sehr interessante und inspirierende Figuren wie »Allomütter«, Pflege- oder Ersatzmütter Teil des Alltags. Und sie waren immer dann besonders stark und erfolgreich, wenn die Lebensumstände passten, wenn weder Hunger noch Not herrschten und die Gesellschaften im Grunde friedlich, also feminin waren – was Assoziationen zu den von Matthias Horx definierten »Fertility-Clustern« weckt. So gesehen stünden Patchworkfamilien mit ihren vielfältigen Beziehungsgeflechten nicht am Ende eines Prozesses, den wir viel zu oft nur als bedauernswerten Zerfall der klassischen Familie wahrnehmen. Sondern sie sind eine Art Rückkehr zur ursprünglicheren Art und Weise, wie Menschen zusammengelebt haben. Zu dieser These passt, dass – ethnologisch gesehen – in sesshaft gewordenen, männlich dominierten, kriegerischen Völkern, mit einem notgedrungen auch prekären Umfeld, der Spielraum für Frauen und die Vielfalt an gesellschaftlichen Rollen, die sie einnehmen konnten, meist viel geringer war.

Vieles an Konflikten, Widersprüchen, Herausforderungen und Motivationen, die Stiefmütter in ihrem Alltag mit eigenen oder / und nicht eigenen Kindern erleben, lässt sich mit Blick auf die Tierwelt und auf Riten und Regeln in alten Kulturen oder Naturvölkern jedenfalls besser verstehen. Ein Grundkurs in Soziobiologie und Ethnologie schadet also nie, schon gar nicht, wenn man Stiefmutter wird und damit die faszinierende Welt der Blut-und-Wasser-Themen kennenlernen darf.

Ist der Mensch ein soziales Wesen und warum? Das ist die grundlegende Frage, die Soziobiologinnen und -biologen antreibt. Wie kann es sein, dass Lebewesen sich in Gruppen zusammenschließen, ihre Egoismen hintanstellen und all das praktizieren, was das lateinische Wort »caritas« umfasst: Barmherzigkeit, Großmut, Fürsorglichkeit und Solidarität? Und unter welchen Bedingungen tun sie es? Aus ihrer Natur heraus, vererbten oder anerzogenen Mustern oder einer Mischung aus beidem gehorchend? Steuern ihre Gene sie dabei? Oder handeln sie aus kühl berechnendem Kalkül heraus, wägen sie Vor- und Nachteile ab und entscheiden sich dann für das, was für sie am gewinnbringendsten erscheint?

Am Anfang dieser Debatten stehen Charles Darwins Evolutionstheorie und seine Ansätze vom »struggle for life«, dem Überlebenskampf, den nur die Besten und Stärksten bestehen (»survival of the fittest«). Aber längst nicht nur der Mensch, sondern auch andere Tierarten haben sich vom kalten »Blut-und-Klauen«-Egoismus befreit, wie es der deutsche Soziologe Eckart Voland so anschaulich nennt. »Der Mensch ist der erste Freigelassene der Schöpfung; er steht aufrecht. Die Waage des Guten und Bösen, des Falschen und Wahren hängt in ihm; er kann forschen, er soll wählen«, schreibt der deutsche Philosoph Johann Gottfried von Herder. Aber auch Tiere spielen sich von ihrer natürlichen Determination frei und zeigen Ansätze von Zivilisation und Altruismus. Umgekehrt verfallen Menschen und Tiere regelmäßig in rohe darwinistische Verhaltensweisen. Wie passt das alles mit Darwins Naturgesetzen zusammen? Welche Mechanismen werden wirksam?

Die Antwort darauf findet sich beim Briten William Hamilton (1936–2000), der zu Recht als einer der bedeutendsten Biologen des 20. Jahrhunderts gilt. Er entwickelte eine Theorie, die Darwins Überlebenskampf und die Karitas in der Natur erklärt. Das klassische Beispiel ist das Murmeltier, das mit seinem Warnruf seine Artgenossen rettet, aber selber dem angreifenden Adler zum Opfer fällt. Warum hat es sich nicht weggeduckt und damit sein eigenes Leben gerettet? Hamiltons Antwort darauf ist eine, die das »Blut ist dicker als Wasser«-Prinzip bestätigt – und erweitert. Das pfeifende Murmeltier rettet durch seinen Warnruf zwar nicht sich selbst, aber das Leben seiner Nachkommen und anderen Verwandten. Seine Uneigennützigkeit macht sich evolutionär gesehen insofern bezahlt, als es damit den Fortbestand seiner Verwandten sichert, die Kopien seiner eigenen Gene in sich tragen. Das Verhalten des Murmeltiers mag altruistisch wirken, aber es folgt den Gesetzen des genetischen Egoismus. Allemal besser, fünf genetisch verwandte Murmeltiere überleben, wenn eines stirbt, als umgekehrt. Hamilton berechnete mithilfe einer mathematischen »Grundformel des Sozialverhaltens«, dass sich ein Lebewesen umso wahrscheinlicher altruistisch verhält, je enger der Nutznießer der Fürsorglichkeit mit ihm verwandt ist.

Das »Blut ist dicker als Wasser«-Prinzip, freundlicher formuliert die Verwandtenbevorzugung oder der Nepotismus, ist ein »evolutionär gewachsener Kitt«, zynisch gesprochen nicht mehr als die »amoralische Strategie geistloser, egoistischer Gene« (Eckart Voland). Dieses Prinzip setzt sich selbst in der modernen Welt, in der Sozialbeziehungen am Arbeitsplatz und in der Freizeit meistens außerhalb der Verwandtschaft gepflegt werden, nach wie vor durch, vor allem in Krisenzeiten. Da ist auf Familiensolidarität noch am ehesten Verlass.

Aus soziobiologischer Sicht ist also auch die Mutterliebe nur ein von der Evolution geschaffenes und durchaus erfolgreiches Motivationssystem, das der Sicherung des eigenen Genpools dient und im Wandel der Zeit philosophisch, kulturell und ideologisch unterschiedlich aufgeladen wurde.

Ob sich der Egoismus der Gene, die eigene Persistenz bestmöglich sicherzustellen, in einer klassischen Kleinfamilie, wie sie Martin Luther predigte, oder in einer Sippe oder Patchworkfamilie am besten verwirklicht, ist damit noch nicht gesagt. Auch nicht, ob eine Stiefmutter beispielsweise förderlich oder schädlich für den Fortbestand der nächsten Generation ist. Wenn wir also unseren eigenen Kindern den Vorzug geben, dann folgen wir einem tief in uns sitzenden evolutionären Programm. In jeder Patchworkfamilie treten Darwin und Karitas gegeneinander an und ringen um Vorherrschaft. Wer gewinnt, ließe sich mit Hamiltons Grundformel des Sozialverhaltens vermutlich leicht ausrechnen. Man muss nur berücksichtigen, unter welchen Umständen die Patchworkfamilie lebt. Hat sie Aussicht auf emotionale Stabilität? Können die Eltern einen persönlichen Vorteil aus dem Zusammenleben ziehen? Ist die Familie ökonomisch besser abgesichert? In vorteilhafter Umgebung, werden wir an Beispielen aus der Tierwelt sehen, gelingt die Überwindung des »Blut ist dicker als Wasser«-Prinzips besser.

Die beiden Wissenschaftler Kai Willführ vom Max-Planck-Institut für demografische Forschung in Rostock und Alain Gagnon von der Universität Montreal in Kanada untersuchten im Jahr 2013 in einer groß angelegten Studie die Sterblichkeit von Kindern in historischen Patchworkfamilien des 17. bis 19. Jahrhunderts. Für ihre Studie, die im Wissenschaftsjournal »Biodemography and Social Biology« publiziert wurde, zeichneten Willführ und Gagnon die ersten 15 Lebensjahre von Tausenden Kindern aus Ostfriesland und Québec nach. Sie verglichen die ostfriesische Region Krummhörn, die bereits stark bevölkert war und wenig Raum für wirtschaftliche Entwicklung bot, mit expandierenden Siedlungen in der heutigen kanadischen Provinz Québec. Indem sie individuell nachvollzogen, ob und wann im Kinderleben ein Elternteil starb, Stiefmutter oder -vater einzog und Halbgeschwister geboren wurden, konnten sie den Einfluss all dieser Ereignisse auf die Überlebenschancen der Mädchen und Jungen errechnen. Die Daten über Geburten, Taufen, Hochzeiten und Beerdigungen stammten vor allem aus alten Kirchenbüchern. Für das ostfriesische Krummhörn untersuchten die Forscher die Geburtsjahrgänge 1720 bis 1859, für Québec die Jahre 1670 bis 1750.

Anders als die Wissenschaft bisher glaubte, behandeln Eltern Stiefkinder nicht prinzipiell schlechter als ihre eigenen. Bislang waren viele Forscher vom sogenannten Aschenputtel-Effekt ausgegangen: Demzufolge sorgen Eltern zwangsläufig schlechter für Stiefkinder, weil sie nicht ihre Gene verbreiten. Das amerikanische Forscherpaar Martin Daly und Margo Wilson von der McMaster University in Ontario hat in seinen Studien über Kindesmisshandlung und Kindessterblichkeit in den 1970er- und 1980er-Jahren sogar höchst beunruhigende Tendenzen herausgefunden. Dafür werteten sie Statistiken, Polizeireporte und Studien aus den USA, Kanada, England, Australien, Finnland und Korea aus. Kinder, die mit einem leiblichen Elternteil und einem Stiefelternteil lebten, hatten ein höheres Risiko, Opfer von Missbrauch zu werden. Die Wahrscheinlichkeit, dass ein Stiefelternteil sein Stiefkind unter drei Jahren tötet, ist siebenmal größer als beim im gleichen Haushalt lebenden leiblichen Elternteil.

Und im Regelfall sind es die Stiefväter, die gewalttätig oder zum Mörder werden.

Willführ und Gagnon entdeckten nun eine wichtige Ausnahme: Gibt es Aussicht auf steigenden Wohlstand im Lebensumfeld der Eltern, geht es dem fremden Nachwuchs genauso gut wie dem eigenen. Damit hängt die Fürsorge der Eltern von mehr ab als von der biologischen Verwandtschaft. »Wir konnten beweisen, dass der Aschenputtel-Effekt kein unvermeidbarer Reflex von Stiefeltern ist«, sagt Kai Willführ.

Nur in der Region Krummhörn, die wenig Perspektiven bot, hatte die Stiefmutter einen negativen Einfluss. Nur dort starben die Kinder aus erster Ehe des Vaters häufiger, wenn die Stiefmutter einzog. Der Aschenputtel-Effekt scheint also nicht zwangsläufig überall durchzuschlagen. Die Stiefmütter müssen ihre Kinder in beiden Regionen völlig unterschiedlich behandelt haben. Die Dimension des Effekts ist beachtlich: Verlor ein Krummhörner Mädchen früh die Mutter, wuchs seine Wahrscheinlichkeit, den 15. Geburtstag nicht zu erleben, auf über das Doppelte des Risikos eines vergleichbaren Mädchens, dessen Mutter nicht starb. Heiratete der Vater wieder und die Stiefmutter zog ein, stieg die Sterblichkeit noch einmal ebenso stark. Der Einzug der Stiefmutter traf die Mädchen in Ostfriesland also genauso schlimm wie der Tod der eigenen Mutter.

Im kanadischen Québec hingegen änderte sich das Sterberisiko der Stiefkinder fast gar nicht, wenn die neue Mutter kam. »Die Stiefmütter in Québec schienen zu verstehen, dass die Kinder aus der ersten Ehe ihres Mannes den eigenen Kindern mit dem neuen Ehemann nicht im Weg stehen«, sagt Willführ. Die kanadischen Halbgeschwister seien in der Expansionsphase der Besiedlung eher als Verbündete der leiblichen Kinder gesehen worden. Gemäß dem Aschenputtel-Effekt hingegen würden Stiefeltern die fremden Kinder immer als Konkurrenz zu den eigenen sehen und sie hintanstellen. So war es aber nur in der Region Krummhörn: Es gab eine starke Konkurrenz zwischen den Geschwistern um das Lebensnotwendigste. »Wir nehmen an, dass die Stiefmütter die Kinder ihres Mannes aus erster Ehe vernachlässigt, ausgebeutet oder gar misshandelt haben«, sagt Soziobiologe Willführ. Dass sich dieser Effekt eben nur in der Region Krummhörn zeigt, beweist: Der Kontext, in dem sich eine Patchworkfamilie befindet, kann das Kalkül, nach dem die Eltern ihre Liebe unter eigenen und fremden Kindern aufteilen, stark beeinflussen. »Dass Stiefeltern nicht immer böse sind, gilt deswegen auch heute noch«, sagt Kai Willführ. »Denn auch wenn die Sterblichkeitsdaten in der Studie historisch sind, stellen sie die ausschließliche Gültigkeit des Aschenputtel-Effekts prinzipiell infrage.«

Nicht nur unsere Gene entscheiden also darüber, wie wir uns in einem sozialen Umfeld verhalten, sondern auch die ökonomischen und gesellschaftlichen Rahmenbedingungen. Bei aller Romantik und Verliebtheit: Gerade eine Patchworkfamilie sollte sich ihrer ökonomischen Existenz sicher sein. Sie birgt so viele andere Konflikte und Spannungen in sich, dass sie ohne existenzielle Basis noch schneller daran zerbricht. Das ist zumindest das Fazit, das man aus der Aschenputtel-Effekt-Studie ziehen muss.

Stiefmütter sind nicht immer böse, aber leibliche Mütter sind auch nicht immer gut, Mütter, ob leiblich oder sozial, sind am Ende sehr berechnende Wesen, wie folgendes Beispiel zeigt. Der britische Ornithologe David Lack beobachtete schon in den 1940er-Jahren, dass Adler- und Möwenweibchen, die ihre Eier nicht gleichzeitig, sondern im Abstand von einem oder zwei Tagen legen, dem Zweitgeborenen gegenüber dem stärkeren Erstgeborenen nur dann helfen, wenn ausreichend Futter vorhanden ist. Herrscht Futterarmut, setzt sich das erstgeborene Adler- oder Möwenkind durch und das Zweitgeborene verhungert. Die Vogelmutter greift nicht ein und lässt den Machtkampf zwischen ihren Kindern zu – eigentlich ziemlich »stiefmütterlich«. Sie überlässt die Entscheidung, ob eines oder beide Kinder durchkommen, den ökonomischen Umständen. Sie war weder von Natur aus mütterlich noch sorgend, sondern eine, wie es die amerikanische Soziobiologin Sarah Blaffer Hrdy nennt, »flexible Strategin«.

Aus den gleichen Gründen akzeptieren auch gewisse Vogelarten Stiefmütter. Dabei wägen die Tiere zwischen den Nachteilen, die es bringt, in »fremde« Kinder zu investieren, und den Vorteilen, die sie sich aus diesem Investment erwarten, insbesondere die Aussicht auf Paarung, sehr genau ab. Nur wenn die allgemeinen Vorteile überwiegen, gehen sie diese außergewöhnliche Bindung ein. Gründe, das zu tun, sind etwa: generell zu wenig andere verfügbare, paarungsbereite Partner. Zu wenig andere verfügbare, ledige beziehungsweise kinderlose Partner. Eine bereits zu Ende gehende Brütsaison. Zu wenig freie Nestplätze. Also alles Strategien, die sich auch auf menschliche Beziehungen und den modernen »Beziehungsmarkt« umlegen lassen.

Hrdy beschreibt in ihrem Buch »Mother Nature« verschiedenste Formen von mütterlichem Investment (im Englischen »maternal investment«) in der Tierwelt, darunter auch die wohl begeistertsten Stiefmütter, die man sich vorstellen kann: Honigbienen. Sie leben, ebenso wie Ameisen, Termiten und – als eines der wenigen Säugetiere abseits des Menschen – die ostafrikanischen Nacktmulle, in einer utopischen, hochsozialen, von Biologen »eusozial« genannten Gemeinschaft. Nach Hamiltons Grundformel des Sozialverhaltens kümmern sich die unfruchtbaren Arbeiterinnen um die Nachkommen der Königin nur deswegen, weil sie mit ihr enger verwandt sind, als sie es mit ihren eigenen Nachkommen wären. Für diese Arbeiterinnen wird die Sippe, die Gruppe zu einer Erweiterung ihrer selbst.

Für die Situation von Stiefmüttern in Patchworkfamilien fast noch spannender als die eusozialen Bienen sind aber die Weißstirnspinte in Kenia, die der Ornithologe Stephen Emlen von der Cornell University erforscht hat. Sie zählen – wie viele Vogelarten, die in diesem Aspekt dem Menschen meistens näher sind als die machohaften und oft haremartig organisierten Primaten – zu den hochsozialen Lebewesen, die in friedlichen und altruistischen Gemeinschaften leben. Wie Menschen sind auch die Weißstirnspinte zu 85 Prozent ihrer Lebenszeit monogam, sie leben in Gruppen zu dreihundert und mehr Vögeln, teilen ihre Nahrung, wenn die Zeiten hart sind, und teilen sich die Nachwuchspflege solidarisch zwischen Männchen und Weibchen auf. Ältere Geschwister bleiben oft beim Nest, um auf jüngere Geschwister aufzupassen, mitunter agieren sie sogar als Babysitter für Nachbarn. Und sie kennen das Phänomen von Stiefelternschaft. Das und der Aspekt der selbstlosen, außerfamiliären Hilfe, Biologen sprechen von »reziprokem Altruismus«, waren es auch, die den Ornithologen Emlen besonders interessierten.

Das theoretische Konzept des reziproken Altruismus wurde 1971 vom amerikanischen Evolutionsbiologen Robert Trivers veröffentlicht und versucht, selbstloses Verhalten zwischen nicht verwandten Individuen zu erklären. Dabei entstehen Beziehungen, bei denen derjenige, der etwas hergibt, nicht unmittelbar im gleichen Wert etwas zurückbekommt. Bei der Fellpflege von Makaken, Pavianen, Grünen Meerkatzen und Schimpansen findet sich diese Art von Leistung mit Aussicht auf Gegenleistung. Manchmal wird Fellpflege gegen Unterstützung, etwa gegen aggressive andere Männchen, oder gegen Sachleistungen, etwa das Teilen von Fleisch oder anderer Beute, geleistet. Oder einfach gegen wechselseitige Fellpflege, wobei Affen in der Lage sind, kürzere und längere Fellpflegephasen über längere Zeit hinweg gegenzurechnen und auszubalancieren. Schimpansen im Kibale-Nationalpark teilen Fleisch selektiv mit den Individuen, die selbst Fleisch mit ihnen geteilt haben oder regelmäßig Unterstützung gewähren. Männchen, die zusammen jagen, tendieren zu selektiver gegenseitiger Fellpflege und Unterstützung sowie gemeinsamem Patrouillieren der Grenzen, auch wenn sie nicht verwandt sind.

Was aber passiert bei den Weißstirnspinten? Die amerikanische Soziologin Wednesday Martin beschreibt es in ihrem Buch »Stepmonster« ausführlich. Als Erstes musste der Ornithologe

Stephen Emlen feststellen, dass auch diese sympathischen Vögel ihr vordergründig soziales Verhalten entsprechend Hamiltons »Grundformel des Sozialverhaltens« genau und abgestuft nach Verwandtschaftsgraden investierten. Sie waren also nicht, wie erhofft, die Ausnahme der Regel, sondern deren Krönung. Wenn der älteste Sprössling einem Nachbarnest half, war es immer ein enger Verwandter. Wurde ihr eigenes Nest zerstört, wanderten Vater und Mutter weiter zum Nest der Schwester und des Schwagers, der Tante und des Onkels oder zurück zu ihren eigenen Eltern. Manchmal zwangen Väter ihre Söhne zurück in ihr Nest, um mehr Hilfe bei der Brutpflege zu haben, selbst wenn das auf Kosten ihrer Enkel ging.

Und hinter der friedlichen Fassade der Vögelgemeinschaft entdeckte Emlen nicht gerade Sodom und Gomorrha, aber doch alle Facetten zwischenmenschlicher Beziehungsmelodramen. Seitensprünge, Scheidung, Liebeswerben, Eifersucht – all das spielte sich in der komplexen, durchaus menschenähnlichen Weißstirnspint-Vogelwelt ab. So ist es wenig überraschend, wie die Weißstirnspinte mit gescheiterten Familien umgingen: Paare, die keinen Nachwuchs mehr zeugen konnten, ließen sich zu einem höheren Prozentsatz »scheiden« und suchten sich anschließend neue Partner. Die Kinder aus erster Ehe kümmerten sich mit viel größerer Wahrscheinlichkeit um ihre eigenen Geschwister als um ihre Stiefgeschwister. Sie würden auch mit größerer Wahrscheinlichkeit das Nest verlassen und zu ihren engeren Verwandten ziehen, als mit einer Stiefmutter oder einem Stiefvater weiterzuleben. Oft kam es auch zu Aggressionen zwischen Vater und Sohn, wenn dieser Interesse an der Stiefmutter zeigte.

Das soziale Verhalten der Weißstirnspinte und der Menschen ähnelt sich in vielem, schließt Emlen daraus. Die Weißstirnspinte führen uns sozusagen die tiefen, evolutionären Entscheidungsregeln vor, die in unserem Unterbewussten verankert sind und uns immer noch anleiten. Folgendes lässt sich daraus ableiten: Auch in menschlichen Stieffamilien verlassen die Kinder früher das Nest als sonst oder werden früher hinausgedrängt. Spannungen und Konflikte werden größer, auch auf sexueller Ebene. Und alle Beteiligten präferieren am Ende ihr eigenes Blut, ihre eigenen Väter, Mütter, Töchter, Söhne und Geschwister. Keines dieser Prinzipien ist genetisch determiniert oder unausweichlich. Umwelt, Kultur und – speziell in Deutschland und Österreich – zusätzlich nach wie vor sehr traditionelle Familiengesetze spielen, wie das nächste Kapitel zeigen wird, eine mindestens genauso wichtige Rolle in unserem Sozial- und Gefühlsleben.

Wie stark unser Sinn für das Eigene uns determiniert, bestätigen auch Familienstudien. »Kinder sind unglaublich konservativ, die wollen, dass alles so bleibt, wie es ist«, fasst es der deutsche Sozialpsychologe Walter Bien vom Deutschen Jugendinstitut zusammen. Er hat im Jahr 2002 gemeinsam mit seinen Kollegen Angela Hartl und Markus Teubner die erste große Studie zu Stieffamilien in Deutschland erstellt. Wenn Kinder nur mit Mutter oder Vater zusammenleben, soll kein neuer Partner dazukommen. Und wenn die Eltern noch zusammenleben, aber sich gegenseitig die Hölle bereiten, dann nimmt das Kind lieber diese Hölle in Kauf als die Trennung der Eltern. Auch weil Alternativen sich noch nicht so durchgesetzt haben – oder schlichtweg vergessen wurden.

Bevölkerungswissenschaftler zählen mittlerweile mehr als 20 Typen möglicher Familienformen für ein Kind. Dieses Durcheinander, sosehr es uns immer noch irritieren mag, ist weder neu noch außerordentlich. »In Reinform hat die Kernfamilie allenfalls im Bürgertum des 19. und frühen 20. Jahrhunderts existiert«, sagte Erdmute Alber, Ethnologin an der Universität Bayreuth, dem »Spiegel«. »Und Familienformen befinden sich generell immer im Wandel.«

In Kriegszeiten und danach sind soziale Geschwister- und Elternschaften viel vertrauter als in der mitteleuropäischen Gegenwart, die seit 70 Jahren friedlich ist. Waisen- und Halbwaisen lebten bei entfernten Verwandten oder in Kinderheimen, in denen sich Kinder zu familienartigen Schicksalsgemeinschaften gegen die Erwachsenen formierten. Gerade mal in einem Fünftel der menschlichen Kulturen sind die Begriffe »Bruder« und »Schwester« üblich. Und wer sie benutzt, bezeichnet häufig nicht nur die leiblichen Geschwister damit. Cousinen und Cousins zählen dazu, in manchen afrikanischen Gesellschaften außerdem Freunde und enge Nachbarn. In vorindustriellen Gesellschaften war es unüblich, dass Kinder, solange sie abhängig waren, die ganze Zeit bei ihren Eltern verbrachten. Das lag zum einen daran, dass Eltern öfters früher starben. Mütter im Kindbett, Väter im Krieg, bei der Arbeit, auf der Jagd. Tod, Trennung und Wiederverheiratung waren normal, ebenso, dass Kinder zu Verwandten in Pflege gegeben wurden.

Die Familie in der vorindustriellen Zeit muss man sich wie eine kleine Firma vorstellen, in der jeder seinen Platz und seine Aufgabe hatte. Es ging zum Beispiel darum, einen Bauernhof oder einen Handwerksbetrieb am Laufen zu halten. Sie war eine erzwungene, ökonomische Gemeinschaft, in der der oder die Einzelne wenig Raum für Individualität hatte. Das hieß Unterordnung, oft auch Unterdrückung und Gewalt. Aber neben Spannungen und Konflikten gab es natürlich auch Zuneigung und Liebe. Eines jedenfalls war unumstößlich: Alle Familienmitglieder mussten zusammenhalten, um zu überleben. Solidarität war unumgänglich.

Mit der Industrialisierung verlor die Familie ihre Funktion als Arbeits- und Wirtschaftsgemeinschaft, gearbeitet wurde jetzt außerhalb der eigenen vier Wände, in einer Fabrik oder einer Firma. Zuerst waren es die Männer, die nach »draußen« arbeiten gingen, sie wurden zu »Leistungsträgern«. Für die Frau hieß es vorerst: Kinder, Küche, Kabinett seien dein Reich. Es entstand eine neue Abhängigkeit zwischen Mann und Frau. Sie brauchte sein Gehalt, er brauchte ihre – unbezahlte – Hausarbeit. Solidarität war immer noch gefordert, aber nun vor allem zwischen Mann und Frau.

Mit dem Ausbau des Sozialstaates Ende des 19. Jahrhunderts und dann vor allem ab der zweiten Hälfte des 20. Jahrhunderts verschoben sich die Machtverhältnisse massiv. Der Staat führte Sozialleistungen ein, die zuerst einmal für arbeitende Individuen gedacht waren. Pension, Krankenversicherung, Unfallversicherung, Arbeitslosengeld, Wohngeld – die meisten dieser Leistungen richteten sich an das Individuum. Solidarität bildete sich zwischen dem Einzelnen und dem Staat heraus, mit einem Mal konnten Familienmitglieder auch aus Familien ausbrechen, sich selbstständig machen, einen anderen als den vorgesehenen Lebensweg einschlagen. Vor allem für Frauen bedeutete das eine Revolution. Sie waren nicht mehr Teil der »Gattenfamilie«, Anhängsel eines Alleinverdieners, nein, sie konnten sich jetzt einen eigenen, individuellen Lebensentwurf »leisten«. Sie mussten auch weniger solidarisch sein. »Als Ergebnis der historischen Entwicklung tritt also ein Trend in Richtung Individualisierung hervor. Er kennzeichnet zunehmend auch das Binnenverhältnis der Familienmitglieder, erzeugt dabei eine Dynamik eigener Art«, schrieb die deutsche Soziologin Elisabeth Beck-Gernsheim schon im Jahr 1994. Familie wird dadurch zum »alltäglichen Balance-Akt« und zum »dauernden Bastel-Projekt«.

Der amerikanischen Ethnologin Marjorie Shostak verdanken wir eine der beeindruckendsten Schilderungen eines Frauenlebens aus einer völlig anderen Kultur, das uns auch viel über unsere Familienstrukturen aus der Zeit vor der Sesshaftwerdung erzählt. Vor allem lässt es ahnen, wie vielfältig sich die Beziehungen zwischen Männern, Frauen und Kindern in urzeitlichen, nomadischen Zeiten gestaltet haben. Unsere heutige Vater-Mutter-Kind-Fixierung wirkt dagegen regelrecht armselig und uninspiriert.

In ihrem 1981 erschienenen Buch »Nisa: The Life and Words of a !Kung Woman« erzählt sie von einer Frau der !Kung in der Kalahari-Wüste in Südwest-Afrika. Gleichzeitig lässt sie Nisa selber erzählen. Shostaks Buch ist ein Klassiker postkolonialer Ethnologie und lässt eine Welt auferstehen, die vergangen und trotzdem sehr modern wirkt. Denn für die !Kung sind Phänomene wie Trennung, Patchwork, Stief- und Allomütterschaft normal. Nisa lebt ein sehr selbstbestimmtes Leben, mit Affären, Liebhabern, mehreren Kindesvätern, Trennungen und vielen Ortswechseln. Immer um sie war ein dichtes Netz an Verwandten, die sie großgezogen haben und ihr zeit ihres Lebens halfen. Die !Kung stillen ihre Kinder etwa drei Jahre, zum Abstillen werden sie zu Verwandten geschickt. Sehr früh lernen sie also, andere Bezugspersonen als die Mutter anzunehmen. In Nisas Fall waren es die Großmutter und dann ihre Tante – für Monate. Sie wechselte regelmäßig von einer zur anderen, sie alle zogen sie auf und für sie war das völlig normal. Die !Kung sind – oder besser waren, inzwischen sind sie sesshaft geworden – Ausdauerjäger. Die Aufgabe der Frau in solchen Gesellschaften ist es, bis zu achtzig Prozent des täglichen Nahrungsmittelbedarfs zu organisieren. Das gibt ihnen Macht und Selbstbewusstsein – und eine den Männern ebenbürtige sexuelle Autonomie. In Gesellschaften, in denen Männer die Fleisch- und Ballaststoffbeschaffer sind, die also sesshafter und damit meistens auch »politischer« oder »kriegerischer« sind, werden nicht nur die Abstände zwischen den Geburten für die Frauen kürzer, auch ihre Stellung ist nicht so vorteilhaft. Das weckt natürlich Assoziationen, denken wir nur an die Alleinverdienerehe und welche Nachteile sie für die ökonomische Stellung der Frau der Gegenwart bedeutet, aber auch, wie sie das – in unseren Gesellschaften weitgehend über Erwerbsarbeit oder Produktivität definierte – Selbstwertgefühl von Frauen determiniert.

Zurück zu den !Kung. Ihre Kultur kennt ebenfalls Allomütter – also andere Mütter als die eigenen. Sie sorgen dafür, dass Frauen schneller wieder ihren Pflichten des Anbauens und Sammelns nachgehen und somit auch mehr Kinder bekommen können. Es ist ein System, das für alle Sinn macht, vor allem für ein Volk, das mit hoher Kindersterblichkeit umzugehen hat. Alle vier Kinder Nisas starben, bevor sie erwachsen wurden. Es zeigt auch, dass der Mensch Kinder immer schon in Kooperativen und Gruppen aufzog, nicht alleine zu Hause und schon gar nicht in einer Vater-Mutter-Konstellation. Nur so konnte die Gruppe auf Dauer überleben. Die !Kung leben zu 95 Prozent monogam, auch wenn Trennungen häufig vorkommen und meistens binnen eines Jahres sich neue Paare bilden. Die Kinder bleiben im Regelfall bei ihren Müttern. Nisa wuchs mit einer Stiefmutter auf, die für sie aber keine große Rolle spielte – weder positiv noch negativ. Sie war einfach da. Ihre Mutter hatte sich in einen anderen Mann verliebt und war mit ihm weggezogen. Nach seinem Tod lebte sie wieder in der Nähe ihres ersten Mannes, und dessen zweite Frau und sie kamen gut miteinander aus und die Kinder besuchten beide regelmäßig. Am Ende ihres Lebens wurde Nisa Tante und nahm die Tochter ihres jüngeren Bruders bei sich auf, als sie abgestillt werden sollte.

Kinder in Pflege zu nehmen ist in westafrikanischen Gesellschaften bis heute üblich. »Ein Kind hat viele Mütter«, sagte eine Frau des Nso-Volkes aus Kamerun der Anthropologin Heidi Verhoef, schildert Wednesday Martin. In Kamerun lebt fast ein Drittel der Kinder zwischen zehn und vierzehn bei jemand anderem als ihrer Mutter. Sie müssen dafür aber arbeiten – sofern die Familie arm ist –, oder die leibliche Mutter muss den Tanten, Großeltern, Schwestern oder Cousinen eine Art Unterhalt zahlen. Was westafrikanische Gesellschaften nicht kennen, sind Patchworkfamilien. Heiratet ein Paar, wird erwartet, dass die Kinder aus der ersten Beziehung bei Verwandten oder Pflegefamilien unterkommen.

Die deutsche Ethnologin Erdmute Alber, die sich auf das Thema soziale Elternschaft in Westafrika spezialisiert hat, erzählte dem »Spiegel« über dieses System. Auf den Gehöften der Baatombu im westafrikanischen Benin lebt eine aus unterschiedlichsten Familien zusammengewürfelte Geschwisterschar. »Die Eltern geben ihre Söhne und Töchter grundsätzlich zu Verwandten oder fremden Leuten. Dafür nehmen sie aber die Kinder anderer Familien auf: Frauen immer Mädchen und Männer immer Jungen.«

Was für Westeuropäer mit ihren Ideen über Eltern-Kind-Bindung unvorstellbar ist, ist für die Baatombu Alltag. »Kriegen eure

Dreijährigen keinen Knacks?«, fragte Alber etwa in ihren Interviews – sie wollte die Ursachen für den Kindertausch ergründen. »Die haben das doch in drei Wochen vergessen«, erhielt sie zur Antwort. »Es ist gut, wenn sie merken, dass sie auch woanders zurechtkommen. Hauptsache, die Pflegeeltern behandeln sie freundlich.«

Wenn, was uns die Demografen prophezeien, Verwandtschaft zum knappen Gut wird, bedeutet das nicht zuletzt auch dies: Ein naturgeschichtlich gewachsenes Fundament gelebter Solidarität wird brüchig. Allerdings ist genetisch gesteuerter Nepotismus und Verwandtenbevorzugung nicht der einzige soziale Kitt, den die Evolution hervorgebracht hat. Von »Blut ist dicker als Wasser« bis zu »Ein Kind hat viele Mütter«: Beide Prinzipien haben viel für sich und beide werden wirksam, wenn Familien zu Stieffamilien werden und andere Frauenrollen als die klassische Mutterrolle gefragt sind. Stiefmütter, Allomütter, Patentanten, Bonusmamas, »belles-mères«: Unsere Welt kennt vielfältige Formen sozialer Mütterschaft und hält viele spannende Rollenvorbilder bereit. Man muss sie nur wiederentdecken und zulassen, dass sie gelebt werden können. Gerade in Deutschland und Österreich steht dem viel an rechtlichen Widerständen entgegen. Warum in diesen Gesellschaften Stiefmütter oftmals verhinderte Stiefmütter sind (und Väter oftmals verhinderte Väter), davon handelt das nächste Kapitel.

5. Verhinderte Stiefmütter (und verhinderte Väter)

Gertraud A. ist eine beeindruckende Frau. Eigenständig, selbstbewusst, eine Repräsentantin jener Frauengeneration, die die Emanzipationsbewegung der 1970er-Jahre – in Österreich waren es die Kreisky-Jahre – nutzte, um ihr ganz eigenes Leben zu basteln. Kinder waren darin nie wirklich vorgesehen. Sie wären sich vermutlich auch schwer ausgegangen, weil sie sich immer Jobs suchte, die mehr als nur ein Arbeitsplatz waren, echte Berufungen, die viel Engagement verlangten. Ohne fixe Arbeitszeiten, bei jederzeitiger Verfügbarkeit, hochkreativ und natürlich herausfordernd. Und dann starb ihre beste Freundin, Mutter dreier Kinder, verheiratet mit einem Italiener. Gertraud begleitete sie bis zuletzt und kümmerte sich in den Wochen danach auch um den Witwer und die drei Waisen im Kleinkind- bis Volksschulalter. Die Kinder waren es auch, die bei einem Abendessen ihrem Vater und der Freundin ihrer verstorbenen Mutter unmissverständlich zu verstehen gaben, dass sie, Gertraud, jetzt hier leben soll. »Die Liebe zwischen uns kam dann mit der Zeit«, sagt Gertraud über sich und ihren Mann, mit dem sie seit über zwanzig Jahren glücklich verheiratet ist.

Von einem Tag auf den anderen kündigte sie ihren Wiener Job, zog zu ihrer neuen Familie ans Meer und war gut zehn Jahre lang ausschließlich Stiefmutter. »Matrigna«, wie es in Italien heißt. »Ich habe bewusst eine Familie geheiratet. Für mich war es leicht. Die Kinder haben mich ausgewählt. Ihre Mutter war meine beste Freundin gewesen. Sie haben mich akzeptiert. Ich habe die Sätze ›Aber meine Mutter hätte es so gemacht‹ oder ›Du wirst nie meine Mutter ersetzen können‹ nie gehört. Ich konnte Stiefmutter sein, ohne Konkurrenz, aus voller Überzeugung. Es war das Beste, was mir in meinem Leben passiert ist.« Inzwischen sind die Kinder längst erwachsen, Gertraud lebt mit ihrem Mann in Wien und arbeitet seit Jahren wieder. Und sie ist Stiefgroßmutter geworden.

Die Stiefmutter und die echte Mutter, das ist immer eine besondere Beziehung. »Echte« Stiefmütter wie Gertraud, die an die Stelle einer verstorbenen Mutter treten oder Mütter de facto ersetzen, die aufgrund schwerer psychischer Krankheit nicht in der Lage sind, sich um ihre Kinder zu kümmern, sind längst die Ausnahme.

Wer Stiefmutter wird, sieht sich meistens mit einer durchaus präsenten leiblichen Mutter konfrontiert. Der dänische Familientherapeut Jesper Juul widmet diesem heiklen Thema in seinem Patchworkratgeber »Aus Stiefeltern werden Bonuseltern« ein eigenes Kapitel mit dem maliziösen Titel »Die Ex, die Hex«.

Es läuft eben nicht immer so entspannt wie im Fall von Judith Z., deren beide Töchter nach der Trennung abwechselnd in der »Mamafamilie« und der »Papafamilie« aufwuchsen. Eine Woche da, eine Woche dort. Alleine wie selbstverständlich Judith das Wort »Mamafamilie« ausspricht, ohne Eifersucht, ohne Vorbehalte, mit Respekt und Freude, zeigt, wie gelassen und routiniert das Verhältnis der beiden Frauen zueinander ist. »Ich bewundere die Partnerin meines Ex-Mannes sehr. Sie hat nach unserer Trennung mit ihm noch zwei Kinder bekommen, dazu meine beiden Töchter jede zweite Woche betreut und erzogen und hatte sicherlich den schwierigeren, anstrengenderen Part in unserer Patchworksituation. Sie ist die beste Stiefmama der Welt.«

Auch Judith, eine lebendige, hochintelligente Frau mit wilden Locken, Sommersprossen und grünen Augen, »erbeutete«, wie sie es sagt, von ihrem neuen Mann Hubert einen Sohn. Sie nennt sich eine »Beutemama«. Gleichzeitig hat sie aber auch regelmäßig

Kontakt zu den Halbgeschwistern ihrer beiden Töchter. Für sie ist sie die »Tante Ju«. Es gibt dann auch noch ein Halbgeschwisterchen auf der Vaterseite. Huberts Sohn hat ein Geschwisterchen dazubekommen, weil seine Mutter mit ihrem neuen Partner ebenfalls eine neue Familie gegründet hat.

Judith und ihr Mann einigten sich mit ihren Ex-Partnern auf einen gemeinsamen Rhythmus, sodass die beiden einmal Wochen mit und einmal Wochen ohne Kinder hatten. Judith, die in einem Job mit klaren Dienstzeiten arbeitet, machte in den kinderlosen Wochen mehr Stunden, dafür konnte sie in den Kinderwochen früher zu Hause sein. So ging sich für Judith auch das Vollzeitarbeiten gut aus.

Judiths Familienleben ist weit verzweigt und komplex, die Lasten und Pflichten genauso wie die Freuden und Freiheiten für sechs Kinder verteilen sich auf insgesamt sechs Erwachsene. All das klappte, weil es ein grundsätzliches Einvernehmen und eine Akzeptanz der neuen Situation zwischen allen Ex-Partnerinnen und Ex-Partnern gab. Vor allem auch zwischen Judith und der Stiefmutter ihrer Kinder. Sie ließ ihr ihren Raum und mischte sich nicht ein.

Judiths glückliches und entspanntes Familienleben ist leider eher die Ausnahme. Es gibt sie natürlich, die leiblichen Mütter, die mit ihrem Ex und dessen neuer Freundin das Kind oder die Kinder teilen, ohne Eifersucht und ohne Vorbehalte. Schließlich hat es für alle Beteiligten Vorteile. Für die Kinder, die beide Eltern sehen. Für die Eltern, die sich die Erziehung aufteilen können. Und für die neuen Partner, die das Kind ihres neuen Freundes oder der neuen Freundin nicht nur als Phantom erleben, das sie aus Erzählungen und von Fotos kennen.

Aber sie sind selten, und die Schuld dafür – man muss es so drastisch sagen – trägt eine Gesellschaft, die ein Kind immer noch als primär zur Mutter zugehörig sieht. Dazu kommen natürlich auch Väter, die ihre Verantwortung nicht wahrnehmen, aber auch Mütter, die sie nicht teilen wollen – mit traurigen

Kindern, überlasteten Müttern, verhinderten Vätern und letztlich auch verhinderten Stiefmüttern als Konsequenz.

Das Ergebnis sind Patchworkfamilien, in denen immer ein Teil schmerzlich fehlt. Die Statistik zeigt es eindrücklich: Stieffamilien in Österreich sind vor allem Stiefvaterfamilien. Jede zehnte österreichische Familie mit Kind ist zwar schon eine Stiefkindfamilie, aber wer sich die statistischen Daten genauer anschaut, sieht Erstaunliches. Die Hälfte der Stiefkindfamilien sind »komplexe Stieffamilien«, bei denen zumindest ein Partner ein Kind aus einer früheren Beziehung miteingebracht und das Paar dann noch ein gemeinsames Kind bekommen hat. So, wie es Judiths Ex und auch Huberts Ex gemacht haben. Knapp die andere Hälfte sind Stiefvaterfamilien, in denen die Mutter also schon ein Kind hatte und einen neuen Partner genommen hat. Sehr selten sind Stiefmutterfamilien (sie machen nur fünf Prozent aus) sowie Judiths Modell der zusammengesetzten Stieffamilie (zwei Prozent), in der beide Partner ein leibliches Kind mitbringen und kein gemeinsames Kind mehr gezeugt wurde. Noch klarer zeigt sich die Dominanz der leiblichen Mutter im Familienalltag nach Trennungen und Scheidungen aus Sicht der Kinder. Jedes zehnte österreichische Kind lebt in einer Stieffamilie. Von 1000 Stiefkindern lebten laut Statistik Austria im Jahr 2012 aber 989 bei ihrer leiblichen Mutter und nur elf bei ihrem leiblichen Vater.

Wie kann das sein und ist das gut? Um die Antwort vorwegzunehmen: Es ist weder gut noch sollte es weiter so sein. Aber der Weg zu einem neuen, gleichberechtigteren Familienleben für Patchworkeltern ist weit. Das hängt vor allem auch mit dem gesellschaftlichen Status von Einzelkind- und Patchworkfamilien zusammen, der von einem altmodischen Ehe- und Familienrecht nach wie vor einzementiert wird. Schlagend wird das vor allem nach konfliktreichen Trennungen, die vor Gericht landen. Im deutschsprachigen Raum sprechen Familienrichterinnen und -richter – mehrheitlich sind es Frauen – die Kinder nach wie vor der Mutter zu und geben dem Vater ein Wochenendbesuchsrecht für alle 14 Tage. Kinder bis zu zwei Jahren sehen ihren Vater – und ihre Stiefmutter – damit alle 14 Tage einen Tag lang meist in Anwesenheit des obsorgeberechtigten Elternteils, drei- bis sechsjährige Kinder dürfen einen Tag mit ihrem Vater verbringen und über sechsjährige Kinder dann alle 14 Tage auch über Nacht bleiben. So entstehen Wochenend-Väter und Wochenend-Stiefmütter, die ihr leibliches bzw. Bonuskind im Monat meist weniger als vier Tage sehen.

Familienforscherinnen haben sich schon die Finger wund geschrieben, um die Beharrlichkeit des deutschen und österreichischen Ehe- und Familienrechts aufzubrechen, das in seinen Grundzügen in Deutschland auf dem Bürgerlichen Gesetzbuch des Jahres 1900 und in Österreich immer noch auf dem Allgemeinen Bürgerlichen Gesetzbuch aus dem Jahr 1811 basiert. Die österreichische Soziologin Ulrike Zartler ist eine von ihnen.

Wie kann es sein, dass eine Institution wie die Familie, die sich in der zweiten Hälfte des 20. Jahrhunderts so massiv gewandelt hat, von Juristen im wahrsten Sinne des Wortes so stiefmütterlich behandelt wird? Ein Grund ist natürlich einmal mehr das Leitbild der bürgerlichen Kernfamilie, mit seiner »deutschen« Mutter und Hausfrau und dem Vater als »Außen- und Wirtschaftsminister«, das das ideologische Fundament des Ursprungs-Gesetzestextes bildet. Und das, obwohl das Idealbild der heilen Familie schon zur Entstehungszeit des ABGB nur von einem kleinen Teil der Bevölkerung gelebt werden konnte. »Heiratsverbote, erbrechtliche Regelungen und ökonomische Faktoren führten dazu, dass ein großer Teil der Bevölkerung unverheiratet blieb und das Heiratsalter relativ hoch war«, schreibt Zartler. Erst ab 1950 war es den Menschen überhaupt möglich, das Ideal der klassischen Familie in ihrem eigenen Leben umzusetzen. Soziologen nennen die Jahre von 1950 bis 1970 deshalb auch das »Goldene Zeitalter der Familie«, wenngleich es kein Zeitalter, sondern bloß eine Mini-Ära ist, die im Grunde eine Generation betraf. Die der Babyboomer. Damals waren Eheschließungs- und Geburtenraten hoch, Heiratsalter und Scheidungsraten niedrig, das männliche

Ernährermodell – also die Hausfrauenehe – allgemein anerkannt und ökonomisch dank Wirtschaftsboom auch leistbar. 1957 gab es in Österreich den historischen Tiefststand der Scheidungsrate mit nur 13,7 Prozent. 1970 waren es 18,1 Prozent, um dann kontinuierlich anzusteigen auf den bisherigen Höchststand von 48,5 Prozent im Jahr 2007.

Trotz dieser dramatischen Scheidungszahlen hielt sich das klassische – und natürlich immer auch heteronormative, also auf das männliche Familienoberhaupt fokussierte – Familienideal in den Gesetzen bis in die Nullerjahre und begann erst ab den 2000er-Jahren langsam infrage gestellt zu werden und zu bröckeln. Seit 2010 können beispielsweise gleichgeschlechtliche Paare in Österreich ihre Partnerschaft eintragen lassen. In diese Zeit fallen auch erste rechtliche Erleichterungen für Stiefeltern.

Konservative Politiker beklagen diese »Aufweichung der Ehe« als den Anfang vom Ende unserer gesellschaftlichen Solidarität, Moral und Sitte. Ein kluger, distanzierter Blick zeigt uns eher, dass wir in eine Normalität der Vielfalt zurückkehren und gerade dabei sind, die starke Monopolstellung eines dominanten – und sehr männlichen – Lebensentwurfes zu überwinden. Die bürgerliche Ehe war natürlich auch rechtlich ein einseitiger Vertrag. Die Machtverteilung zwischen Mann und Frau war klar definiert. Der Mann übernahm die Ernährerrolle, die Frau die Hausfrauenrolle. Der Mann hatte die Entscheidungsmacht und daraus abgeleitet eine natürliche Autorität über Frau und Kinder.

Dieses klassische, patriarchische Modell entwickelt sich in der Lebensrealität nur sehr langsam zu einem etwas moderneren, semipatriarchischen Modell, in dem die Frau Teilzeit arbeitet. Immer noch wird in zwei Drittel der Ehen mit Kindern unter 15 Jahren eine Variante des männlichen Ernährermodells gelebt. Ein Viertel der Eheleute macht es ganz klassisch, mit arbeitendem Mann und Hausfrau, 43 Prozent semipatriarchisch oder, wie es Soziologen auch nennen: teilmodernisiert. Mit einem Hauptenährer, dem Mann, und einer Teilzeit arbeitenden Mutter. Männer sind also nach wie vor materielle Versorger, Vaterwerden bedeutet für sie meistens, noch mehr arbeiten zu müssen und noch traditioneller zu leben.

Lässt sich das Paar scheiden, werden die ohnehin schon altmodischen Rollen verstärkt weitergelebt. Selbst wenn beide Eltern sich die Obsorge für das Kind teilen – also übereinkommen, wichtige Entscheidungen wie Schulwahl, Urlaube, Gesundheitsfragen etc. gemeinsam zu treffen –, lebt das Kind in der überwiegenden Mehrheit der Fälle hauptsächlich bei der Mutter, wenn es unter 14 Jahre alt ist. Der Gesetzgeber ging sehr lange davon aus, dass ein Ehepaar den gleichen Lebensstil nach einer Trennung weiterleben möchte wie davor, nur nicht mehr im gemeinsamen Haushalt. Mit einem männlichen Hauptverdiener, der seine Ex-Frau und seine Kinder unterhält, und einer alleinstehenden Hausfrau. Dass Männer und Frauen erneut Partner finden, mit diesen zusammenziehen, zu Stiefvätern und Stiefmüttern werden, die sich ebenfalls um die Kinder im Haushalt zu sorgen und zu deren Unterhalt beizutragen beginnen – all das findet erst langsam in den geltenden Gesetzen Berücksichtigung. Viel zu langsam.

Erst Ende 2015 entschied der österreichische Verfassungsgerichtshof, dass Kinder von getrennt lebenden und geschiedenen Paaren abwechselnd und auch je zur Hälfte bei Vater und Mutter einen Wohnsitz nehmen dürfen. Davor war das Modell »Doppelresidenz« im Familienrecht gar nicht vorgesehen. Ausdrücklich vorgesehen ist es nach dem Spruch des Verfassungsgerichtshofes zwar auch nicht, aber zumindest möglich. Denn die Höchstrichter entschieden nur, dass die bestehende Gesetzeslage eine Residenz bei beiden (auch »Wechselmodell« genannt) zulässt. Was sie nicht forderten, beziehungsweise der Legislative auftrugen, war eine Reform des Gesetzes. Auch in Deutschland hat der Bundesgerichtshof 2017 in einer Grundsatzentscheidung das Wechselmodell als Instrument zur Durchsetzung des Rechtes des Kindes auf beide Eltern betont – auch gegen den Willen eines Elternteils. Das Gericht kann es anordnen, wenn ein Mindestmaß an Kooperationsbereitschaft besteht und die Vorteile für das Kind im

Vergleich mit anderen Optionen überwiegen. Wie in Österreich ist das im Bürgerlichen Gesetzbuch verankerte Familienrecht auf das Residenzmodell ausgelegt. Richter und auch Sachverständige haben lange argumentiert, dass Kinder einen festen Lebensmittelpunkt unter einer Adresse haben müssten, um stabile Beziehungen aufbauen zu können.

In England, den USA, Schweden, Frankreich, Dänemark, Belgien und Tschechien ist es üblicher, dass Kinder nach einer Trennung abwechselnd eine Woche bei der Mutter und die andere Woche beim Papa leben.

Der Grund dafür, dass sich das Wechselmodell in Österreich erst so spät durchzusetzen beginnt, liegt paradoxerweise bei der Sozialdemokratie, die sich zwar in Frauenfragen stets als feministische, progressive Partei sieht, aber diesen Feminismus nicht primär als Stärkung der Frau als arbeitendes Individuum versteht, sondern als vom Ex-Mann zu versorgende Mutter.

So wäre 2013 die Doppelresidenz bei einer Reform des Familienrechts der Großen Koalition schon vorgesehen gewesen, wurde aber von der SPÖ blockiert. Es ging natürlich ums Geld – konkret um das Unterhaltsrecht. Solange Kinder mehrheitlich bei der Mutter wohnen, muss der Vater ihr für die Kinder Unterhalt zahlen. Wenn sich die Eltern für eine Doppelresidenz entscheiden, ist der Kindesunterhalt nur mehr dann fällig, wenn das Einkommen der Eltern um mehr als ein Drittel auseinanderliegt. Das irritiert die sozialdemokratischen Frauenpolitikerinnen. Denn was passiert dann mit all den Alleinerzieherinnen, die um den Unterhalt ihrer Ex-Männer umfallen würden? Die Gegenfrage, ob diese Alleinerzieherinnen, würden sie sich mit ihrem Ex die Kinder teilen, vielleicht zufriedener wären, weil sie in den kinderfreien Wochen mehr arbeiten könnten und mehr Freizeit hätten, gilt als verpönt und realitätsfremd. Es gäbe einfach zu viele Männer, die weder zahlen noch sich um die Kinder kümmern wollen, deswegen müsse man zuerst Politik für die benachteiligten Frauen machen, lautet das Argument. Der österreichische Gesetzgeber – und die Regierungsparteien – halten also nach wie vor an der

Gattenehe mit Anhängsel Ehefrau fest, anstelle Vater und Mutter als eigenständige, gleichwertige Individuen zu betrachten. Und gerade der fortschrittlichen Sozialdemokratie fällt es schwer, von ihrer roten Familienrechtspolitik Abschied zu nehmen, die von Männern zwar gerne Papamonat und Väterkarenz einfordert, natürlich völlig zu Recht, aber nach Trennungen das Retromodell propagiert. Mit Kindern, die unter der Woche hauptsächlich bei der – dann natürlich Teilzeit arbeitenden – Mutter leben, und dem Ex-Mann als Wochenendvater und Unterhaltszahler.

In dieser Logik wehrte sich die SPÖ auch lange dagegen, dass unverheirateten Vätern das Recht auf gemeinsame Obsorge für ihre Kinder von vornherein zusteht. Denn auch das würde den Männern zu viel Macht geben und den Frauen Macht – also ihre alleinige Verfügungsgewalt über die gemeinsamen Kinder – wegnehmen. Dabei müsste offensive rote Frauenpolitik das Prinzip der Partnerschaftlichkeit auch nach einer Trennung ernst nehmen und fördern, indem sie das Wechselmodell und die gemeinsame Obsorge als Standard nach Scheidungen festlegt.

So haben verheiratete Paare zwar automatisch die gemeinsame Obsorge für ihre Kinder, und dies gilt auch weiter, wenn sich das Paar scheiden lässt – außer es kommt zu massiven Streitigkeiten. Dann legt das Gericht fest, wer das Recht auf alleinige Obsorge bekommt. Meistens ist es die Mutter. Bei unverheirateten Paaren hat grundsätzlich die Mutter die alleinige Obsorge. Mittlerweile kann das Paar sich auf eine gemeinsame Obsorge einigen und diese beim Standesamt festlegen. Seit Februar 2013 kann das Gericht auch gegen den Willen eines Elternteils (meistens der Mutter) beide Eltern mit der gemeinsamen Obsorge betrauen. Auch in Deutschland kam es im Jahr 2013 mit dem »Gesetz zur Reform der elterlichen Sorge nicht miteinander verheirateter Eltern« zu einem Meilenstein in Sachen gemeinsame Obsorge. Dieser plötzliche Reformschub ist kein Zufall. Deutschland und Österreich mussten auf einen Entscheid des Europäischen Gerichtshofs für Menschenrechte im Fall Zaunegger vs. Deutschland reagieren, da die deutsche, mit der österreichischen vergleichbare Obsorgeregelung, die unehelichen Vätern keinen Zugang zum Kind gab, wenn die Mutter es nicht wollte, gegen die Europäische Menschenrechtskonvention verstieß. Immer wieder sind es Höchstgerichte, die in Familienrechtsangelegenheiten den Anstoß für Innovation geben. Von sich aus tut sich gerade in Deutschland und Österreich auf diesem Gebiet wenig.

Die rechtskonservative österreichische Regierung, seit 2017 im Amt, hat inzwischen eine »Reform im Zivil- und Familienrecht« angekündigt, in der von der »Einführung eines Doppelresidenzmodells« die Rede ist und in der die »Phase der vorläufigen elterlichen Verantwortung mit dem Ziel der gemeinsamen Obsorge« modifiziert werden soll – wahrscheinlich in Richtung rascherer Teilung der Obsorge. In Obsorgeverfahren sollen strikte Fristen eingeführt werden – 14 Tage für die erste mündliche Tagsatzung, maximal acht Wochen für die Stellungnahme der Jugendwohlfahrt. Auch in Deutschland gibt es ähnliche Signale. Im Wahlkampf für die Bundestagswahl 2017 plädierte die FDP für das Wechselmodell als Regelfall. Die SPD-Bundestagsfraktion fasste einen Beschluss, die gemeinsame Kinderbetreuung gesetzlich zu verankern. Die Justizministerkonferenz der Bundesländer hat im Juni 2017 die Bundesregierung aufgefordert, den gesetzlichen Regelungsbedarf für das Wechselmodell zu prüfen – und auch die unterhaltsrechtlichen Folgen, die sich daraus ergeben. Die deutsche Justizministerin Katarina Barley (SPD) will Eltern, die gemeinsam Verantwortung für die Kinder übernehmen wollen, steuerlich besserstellen. Bisher rutscht der Elternteil, der nur ein Umgangsrecht bekommt, sofort in eine ungünstigere Steuerklasse. Barley selbst lebt das Wechselmodell. Sie hat zwei Söhne, die nach der Trennung von ihrem Mann zwischen ihrem und seinem Haushalt pendeln.

Die Sorge, dass ein Kind im Trennungsprozess zum Spielball egoistischer Interessen wird, ist natürlich berechtigt. Gleichzeitig zeigen Studien eindeutig, dass die gemeinsame Obsorge und der regelmäßige Kontakt eines Kindes zu beiden Eltern für den

Nachwuchs das Beste ist. Auch wenn es für Eltern viel Überwindung und Reife bedeutet. Gerade in Österreich war es lange Zeit die »Väterrechtsbewegung«, die in den späten 1990er-Jahren begann, die Interessen der Kinder und ihr Recht auf beide Eltern zu vertreten. Ihre Protagonisten – meist Juristen und selber Betroffene – traten aggressiv auf, brachten höchst strittige Sorgerechtsprozesse als Paradebeispiele und taten ihrem Anliegen damit insgesamt keinen Gefallen. Inzwischen gibt es eine neue Bewegung, die mehr aus der Patchworkrealität kommt und das Partnerschaftliche an der gemeinsamen Obsorge hervorhebt. Noch gibt es keine Stiefmütterbewegung, aber gäbe es sie, müsste sie natürlich an vorderster Front für ein modernes Ehe- und Familienrecht kämpfen, das dann wohl am ehesten ein Kinderrecht sein wird, weil es aus Sicht der Kinder für ein Recht auf Mama und Papa im Leben kämpfen muss.

Stiefmütter – und vor allem sie, weil es betrifft nun einmal meistens Väter – lernen sehr bald, was es für ihren Partner bedeutet, wenn er seine Kinder weniger um sich haben kann, als er es sich wünscht. Trauer, Wut, Aussichtslosigkeit, früher oder später die Einsicht, dass man akzeptieren muss, was man nicht selbst ändern kann: Das alles sind große emotionale Herausforderungen, mit denen ein Patchworkpaar umzugehen lernen muss.

Nina K. ist so ein Fall. Sie hat sich in Manfred L. verliebt, einen Mann mit Vorgeschichte. Zwei Kinder aus zwei Beziehungen, im Streit mit der Mutter seines jüngeren Sohnes um Besuchszeiten. Anfangs sah Manfred seinen Sohn Lukas jedes zweite Wochenende von Freitagabend bis Sonntagabend, und das hatte er sich vor Gericht erkämpfen müssen. Weil das Verhältnis zur Mutter von der Richterin als hochstrittig eingeschätzt wurde, bekam Lukas, damals neun Jahre alt, auch einen Kinderbeistand, der seine Rechte wahrnehmen soll. Nina freute sich auf die Lukas-Wochenenden, sie machte schon zu Wochenbeginn Pläne, was man unternehmen könnte. Lukas, der zuvor noch nie auswärts geschlafen hatte, tat sich mit dem Übernachten beim Papa sichtlich schwer, er weinte viel und wollte am liebsten bei ihm im Bett schlafen. Immer öfter zog Nina auf die Couch im Wohnzimmer aus. Lukas' Mutter rief auch regelmäßig an, wenn er bei Manfred war, offenbar vertraute sie ihrem Ex und seiner Freundin nicht besonders und ließ das alle, auch ihr Kind, spüren. Das belastete die Papafamilie erheblich und führte bald auch zu Streitereien zwischen Nina und Manfred. Manfred wiederum fühlte sich machtlos. Er hatte keine gemeinsame Obsorge für Lukas, sobald er Druck auf seine Ex-Frau ausübte, würden die Lukas-Wochenenden spärlicher. Das Kind wurde überraschend krank, oder er rief an und gab an, dass er erst einen Tag später zum Papa wollte.

Eine Mutter, die nicht will, dass ihr Kind Kontakt zum leiblichen Vater hat, aus welchen Gründen auch immer, lässt sich nicht »besiegen«. Nina und Manfred lernten über die Monate hinweg, sich mit diesem Zustand zu arrangieren. Sie konnten es nicht ändern, dagegen anzukämpfen ist kontraproduktiv, als Hoffnung bleibt ihnen nur, dass Lukas, einmal ein Teenager, selber stärker mitentscheiden wird, wann er seinen Vater sehen möchte. Die Sorge, dass die Vater-Sohn-Beziehung bis dahin porös wird, ist groß.

Aussagekräftige Studien über die Beziehung zwischen Kindern und ihren getrennt lebenden Vätern fehlen in Österreich. Auch im österreichischen Familienbericht sind diesem wichtigen Thema nur ein paar Seiten gewidmet. »Die österreichische Datenlage zu Ausmaß und Qualität der gemeinsamen Zeit von geschiedenen Vätern und Kindern ist mangelhaft und erlaubt keine exakten Aussagen«, schreiben die Autoren. Sie lässt nur Hinweise auf die tatsächliche Lebensrealität von Kindern und ihren getrennt lebenden Vätern zu. Demnach sieht ungefähr die Hälfte der Kinder ihren Vater mindestens einmal wöchentlich, während der Anteil jener, die ihren Vater selten oder nie sehen, zwischen zehn und fünfzig Prozent schwankt. Die Kontakte zwischen getrennt lebenden Vätern und ihren Kindern nehmen seit Beginn der 1990er-Jahre im Allgemeinen zu, aber zugleich nimmt der Kontakt mit dem zeitlichen Abstand zur elterlichen Trennung ab. Ein Grund dafür könnte sein, dass es eben schwierig ist, auf Basis von 14-täglichen Besuchen eine tragfähige Beziehung aufzubauen. Vor allem der Alltag mit dem Papa geht so verloren. Einkaufen, Hausaufgaben machen und lernen, Arztbesuche und Pflege im Krankheitsfall werden vorwiegend von der Mutter wahrgenommen. Väterliches Beisammensein mit den Kindern wird großteils als Freizeit gestaltet. Väter betreiben am ehesten Sport mit ihren Kindern, unternehmen mit ihnen kulturelle Aktivitäten und begleiten sie zu Freizeitveranstaltungen. In einer deutschen Studie aus dem Jahr 2005 sah mehr als die Hälfte der befragten Männer auch nach der Trennung ihre Vaterrolle als unverändert an, über 40 Prozent sahen sich eher als Wochenendvater und fast 10 Prozent ihrer Vaterrolle beraubt.

Die internationale Wissenschaft ist sich einig, dass es – mit logischen Ausnahmen wie Gewalt, extrem streitenden Eltern, schwerer psychischer Erkrankung oder Abhängigkeit – für Kinder nicht nur sehr wichtig ist, ihre Beziehung zum Vater nach der Trennung oder Scheidung aufrechtzuerhalten, sondern auch für die Entwicklung des Kindes sehr förderlich ist. Die meisten Studien dazu kommen aus Ländern wie den USA, die schon lange Erfahrung mit getrennt lebenden Eltern und zwischen den Wohnsitzen pendelnden Kindern haben und dieses Modell auch umfangreicher erforschten. Sie zeigen einen Zusammenhang zwischen Kontakthäufigkeit und psychischem Wohlbefinden der Kinder bzw. deren Scheidungsbewältigung. »Bedeutung kommt nicht nur den vereinbarten Besuchszeiten, sondern dem gesamten Besuchsarrangement zu. Ermöglicht es dieses, dass ein unterstützender und verantwortungsvoller Vater aktiv in das Leben seiner Kinder eingebunden ist auf einer regelmäßigen wöchentlichen Basis unter Einschluss einer Kombination von Übernachtungen, Freizeit und schulischer Zeit, so kommt dies der Beziehung und den Kindern zugute«, fassen die Autoren des österreichischen Familienberichtes die Ergebnisse zusammen.

Kann es eine bessere Empfehlung fürs Wechselmodell und damit verbunden, mittelfristig, in den meisten Fällen auch eine entspannte Patchworksituation geben? Wenn Vater und Kind einander nahestehen und der Vater in die Erziehung und den Alltag seiner Kinder eingebunden ist, zeigen Studien, dass seltener externale und internale Probleme bei den Kindern auftauchen und auch ihr Schulerfolg besser ist. Eine wenig intensive Beziehung zum getrennt lebenden Vater beeinträchtigt häufig nicht nur die Befindlichkeit jüngerer Kinder, sondern auch noch die junger Erwachsener mit geschiedenen Eltern.

Natürlich kommt es auch auf das Umfeld an. Generell weniger Kontakt ergibt sich mit großer räumlicher Distanz zwischen Vater und Kind, wenn die Trennung schon länger zurückliegt, die Eltern nicht verheiratet waren (und damit die gemeinsame Obsorge schwieriger zu erlangen ist) und die Eltern aus einem sozial benachteiligten Milieu stammen. Je älter die Kinder zum Zeitpunkt der Trennung sind, desto seltener wird der Kontakt abgebrochen. Wohl auch, weil das Kind selber in der Lage ist, darüber zu bestimmen, wie oft es seinen Papa sieht und älteren Kindern von Anfang an mehr Besuchstage zustehen. Einer der wichtigsten Faktoren, wenn nicht der wichtigste, ist die Beziehung der geschiedenen oder getrennten Eltern zueinander. Finden sie eine Basis, abseits der Verletzungen und Kränkungen weiter als Eltern zu kooperieren? Inwieweit verändert sich die Kooperation, wenn ein neuer Partner ins Leben der Mutter oder des Vaters tritt? Also der Vater etwa eine neue Freundin und damit potenzielle Stiefmutter hat? Die leibliche Mutter ist in diesem Beziehungsnetzwerk die »Gatekeeperin« und bestimmt die Häufigkeit und die Umstände der Vater-Kind-Kontakte entscheidend mit.

Wie stark eine automatische Obsorge und ein automatisches Wechselmodell wirken könnten, zeigen folgende Zahlen: Die Obsorge beider Elternteile begünstigt die Aufrechterhaltung des Kontaktes zwischen außerhalb lebendem Vater und Kindern sowie eine positive Gestaltung der Beziehung, beweist eine Studie aus dem Jahr 2006. Während 64 Prozent der Kinder mit gemeinsamer Obsorge ihren getrennt lebenden Elternteil mindestens einmal pro Woche und zwei Wochenenden im Monat oder täglich bis mehrmals pro Woche sehen, sind dies bei alleiniger Obsorge nur 35 Prozent. 14 Prozent der ersten Gruppe haben wenig oder seltenen Kontakt (höchstens einmal pro Monat) mit dem getrennt lebenden Elternteil, bei der zweiten Gruppe sind dies 33 Prozent. Keinen Kontakt wenige Monate nach der Scheidung, wenn also die Wunden noch frisch sind und jedes Aufeinandertreffen mit der oder dem Ex unerträglich ist, haben von Ersteren ein Prozent, von Letzteren zehn Prozent. Statistisch gesehen erhöhte die gemeinsame Obsorge die Besuchstage des außerhalb lebenden Elternteiles um einen Monat im Jahr. Befunde aus Deutschland und den USA deuten darauf hin, dass bei gemeinsamer elterlicher Obsorge Väter vermehrt gemeinsame Verantwortung für die Erziehung und erhöhtes gemeinsames Engagement zeigen.

Die Auswirkungen der gemeinsamen Obsorge lassen sich klar nachweisen: Die elterliche Beziehung entspannt sich, es wird mehr kommuniziert und es gibt weniger Konflikte. Väter sind zufriedener und die Beziehung zwischen dem Kind und dem außerhalb lebenden Elternteil ist sicherer und besser. So sind bei gemeinsamer Obsorge 75 Prozent der Hauptbetreuenden und 70 Prozent der getrennt lebenden Elternteile mit der Obsorgeregelung zufrieden, bei alleiniger Obsorge gilt dies zwar für 90 Prozent der allein Sorgeberechtigten, aber nur für 30 Prozent der nicht Sorgeberechtigten. Zudem beschreiben die getrennt lebenden Elternteile bei gemeinsamer Obsorge insgesamt die Beziehung zu ihren Kindern als positiver und befriedigender und erleben häufiger, dass sie über ihre Kinder Bescheid wissen und deren Entwicklung mitgestalten können, als nicht sorgeberechtigte, getrennt lebende Elternteile. Gemeinsam Obsorgende erleben häufiger, dass sie ausreichend Zeit mit ihrem Kind verbringen, schätzen ihre Beziehung zu diesem seltener als schlechter ein als vor der Scheidung und haben seltener das Gefühl, ihrem Kind nicht genug bieten zu können. Der hauptbetreuende Elternteil erlebt die Zusammenarbeit häufiger als gut und fühlt sich vom anderen unterstützt und entlastet.

Auch eine deutsche Studie aus dem Jahr 2002 über die Auswirkungen der Reform des Kindschaftsrechtes in Deutschland, nach welcher die elterliche Sorge für gemeinschaftliche Kinder nach der Scheidung oder Trennung unverändert bleibt, konnte zeigen, dass die gemeinsame Sorge besser geeignet ist als die alleinige, Kommunikation, Information und Kooperation zwischen den Eltern positiv zu gestalten. Zudem scheint gemeinsame Obsorge einen positiven Effekt auf die Zahlungsmoral beim Unterhalt auszuüben. Eine Metaanalyse vorwiegend amerikanischer Untersuchungen zeigte, dass Kinder bei gemeinsamer Obsorge im Vergleich zu jenen bei alleiniger mütterlicher sowohl allgemein als auch emotional und verhaltensmäßig besser angepasst waren, aber auch bezüglich ihrer Selbstachtung und der Familienbeziehungen besser abschnitten. Kinder, die in gemeinsamer Obsorge lebten, fühlten sich im Allgemeinen zufrieden, geliebt, berichteten weniger von Verlusterlebnissen und sahen ihr Leben nicht durch die Linse der elterlichen Scheidung, verglichen mit Kindern in alleiniger Obsorge. 90 Prozent der befragten jungen Erwachsenen, die in gemeinsamer Obsorge der Eltern gelebt hatten, gaben an, mit dieser Regelung zufrieden zu sein, und hielten sie für die beste Lösung.

Es ist schon bedrückend, dass sich die Rechtslage trotz eindeutiger Studien so schleppend der gelebten Realität anpasst und immer noch ein Modell von vorgestern hochhält. Vielleicht hängt es damit zusammen, dass von Juristen selbst – einem in sich normenorientierten Berufsstand mit meist bürgerlichem Hintergrund – keine Reformimpulse zu erwarten sind. Vielleicht liegt die Schuld speziell auch in Österreich an der Großen Koalition, die von 1986 bis 2000 und dann 2006 bis 2017 regierte, mehr oder weniger wider Willen, und sich deshalb gerade bei gesellschaftspolitischen Fragen gegenseitig blockierte. Mit Sicherheit spielt Österreichs Vergangenheit eine Rolle.

Denn Österreichs Gesellschaft hat aus ihrer Geschichte heraus ein starkes autoritäres Grundpotenzial und ist ein strukturell konservatives Land. Auch wenn es sich – nicht zuletzt aufgrund der langen Kanzlerschaft Bruno Kreiskys (SPÖ) in den 1970er- und 1980er-Jahren – lieber als skandinavisch geprägtes, sozialpartnerschaftliches, fortschrittliches Land sieht. Aber die Sozialforschung spricht eine andere Sprache. Eine linke Mehrheit gab es nur in den 1970er-Jahren, und selbst da wirkte sie nicht nachhaltig. In einer großen Autoritarismus-Studie aus dem Jahr 1978 – also mitten in den Kreisky-Jahren – sprach sich eine Mehrheit für die Todesstrafe aus, 67 Prozent wollten strengere Strafen für Transvestiten, 80 Prozent meinten, dass »Verbrecher heute zu milde bestraft werden«. Diese Basis nährt bis heute eine der größten und stabilsten radikalen Rechten in Europa. In der »Europäischen Wertestudie« ist Österreich bei der Ablehnung von Migranten, Muslimen und »Menschen anderer Rasse« Spitzenreiter unter Europas Demokratien. Seit Jahrzehnten wünschen sich 20 Prozent der Befragten bei politischen Meinungsumfragen einen »starken Führer«. Im Jahr 2007 hatten 71 Prozent der Österreicher die Aussage: »Wir brauchen einen starken Führer, der sich nicht um Parlament und Wahlen kümmern muss«, strikt abgelehnt. 2016 waren es nur mehr 36 Prozent, die dieser Aussage ganz klar widersprachen.

Sehr zögerlich vollzieht das Recht auch Lebensrealität von Stiefmüttern und -vätern im Alltag nach. Bis 2009 brauchte es, bis das österreichische Parlament für Stiefeltern einen eigenen Rechtsstatus schuf. Bis dahin war beispielsweise eine Stiefmutter – rechtlich gesehen – für ihre Stiefkinder eine Fremde. Ging sie mit ihrem Stiefkind auf den Fußballplatz und es verletzte sich, konnte sie gegenüber dem Notarzt weder in eine Behandlung einwilligen noch hätte sie theoretisch das Kind im Rettungswagen begleiten dürfen. Bat sie der Vater, das Kind vom Kindergarten abzuholen, weil er noch einen Termin reinbekommen hatte, hätten die Kindergartenpädagoginnen die Übergabe des Kindes verweigern können, wenn sie keine Vollmacht des Vaters vorweisen konnte.

Mit dem Familienrechts-Änderungsgesetz 2009 bekamen Stiefmütter eine Beistands- und Vertretungspflicht, wenn sie mit dem leiblichen Vater des Kindes verheiratet sind und dieser obsorgeberechtigt ist. In Patchworkfamilien ohne Ehe gibt es nur eine Schutzpflicht gegenüber minderjährigen Mitbewohnerinnen und -bewohnern. Die Regelungen unterscheiden also zwischen ehelichen und nicht ehelichen Stieffamilien und verknüpfen die Beistands- und Vertretungspflicht des Stiefelternteils mit dessen ehelicher Verbundenheit mit dem sorgeberechtigten Elternteil.

Als Beistandsleistungen gelten beispielsweise die Unterstützung bei der täglichen Erziehung und Pflege wie das Beaufsichtigen des Kindes, dessen Begleitung zum Arzt oder seine Pflege bei Krankheit, für die sich Stiefeltern in Österreich seit 2009 also auch von der Arbeit freistellen lassen können. Unter Vertretungspflicht fallen Obsorgeangelegenheiten des täglichen Lebens, gegenüber Dritten (wie das Unterschreiben einer Entschuldigung für die Schule, der Besuch des Elternsprechtages, der Kauf von Kleidung oder Spielzeug für das Kind), aber auch gegenüber dem Kind (beispielsweise das Bestimmen der Schlafenszeiten oder Routineerlaubnisse zur Freizeitgestaltung). Aber der Stiefelternteil vertritt dabei seinen Ehegatten in dessen Obsorgeangelegenheiten des alltäglichen Lebens nur, und die Richtschnur seines Handelns muss der Wille des Ehepartners sein, außer das Kindeswohl würde damit verletzt. Nimmt man dieses Gesetz ernst, ergeben sich daraus ziemlich komplizierte Abstimmungsprozesse in Stieffamilien.

Unter Schutzpflicht versteht der österreichische Gesetzgeber, alles Zumutbare zu tun, um das Kindeswohl zu schützen. Dabei liegt eine Handlungspflicht nur dann vor, wenn eine Gefährdung des Kindeswohls besteht. Es geht also lediglich um die Pflicht, eine Schädigung des Kindeswohls zu verhindern, nicht aber um eine Verpflichtung, das Kindeswohl zu fördern. Die rechtlichen Pflichten des nicht ehelichen Lebenspartners eines leiblichen Elternteiles sind also bedeutend eingeschränkter als die eines Ehepartners. 42 Prozent der Stieffamilien sind nicht ehelich.

Wie dynamisch das Familienrecht ist, oder anders formuliert, wie sehr der Gesetzgeber der Lebensrealität in den vielfältigen Familienformen der Gegenwart nachhinkt, zeigte sich schon wenige Jahre nach dem Familienrechts-Änderungsgesetz von 2009, im Jahr 2013. Seit diesem Jahr kann nämlich eine Pflegefreistellung auch für im gemeinsamen Haushalt lebende Kinder unter zwölf Jahren des anderen Ehegatten, des eingetragenen Lebenspartners und des anerkannten Lebensgefährten beantragt werden. Auch geschiedene Ehepartner können sie nun für ihre leiblichen Kinder in Anspruch nehmen, wenn diese nicht mit ihnen im gemeinsamen Haushalt leben.

Deutschland hat überhaupt noch keinen Anlauf genommen, die vielen Aufgaben, die in einer Patchworkfamilie von Stiefmüttern und -vätern erbracht werden, rechtlich einzuordnen. Das deutsche Recht kennt für Stiefeltern nur das »kleine Sorgerecht«, sofern sie mit dem leiblichen Elternteil ihres Stiefkindes verheiratet sind. Dieses beschränkte Sorgerecht erlaubt es dem Stiefelternteil, bei alltäglichen und üblichen familiären Fragen, die das Kind betreffen, mitzuentscheiden. So darf eine deutsche Stiefmutter zwar mitbestimmen, um welche Uhrzeit das Kind ins Bett gehen muss, sie darf aber nicht mitentscheiden, welche Schule es besuchen soll. Sollte Gefahr für das Kind bestehen, kann sie aber Entscheidungen treffen, die das Kind schützen, zum Beispiel in eine Notoperation für das Kind einwilligen.

Haben die Eltern des Kindes jedoch – was ja prinzipiell wünschenswert wäre – das gemeinsame Sorgerecht, so steht dem neuen Ehegatten als Stiefelternteil keinerlei Sorgerecht am Kind zu. Er darf sein Stiefkind nicht einmal adoptieren, was in deutschen Juristenkreisen als ein möglicher Weg zur Sicherung stieffamilienmäßiger Beziehungen diskutiert wurde.

Alleine das zeigt, wie wenig die Paragrafen des Eherechts die Praxis noch widerspiegeln. Es ist eben reines Wunschdenken aus den 1970er-Jahren und einer Zeit, als Lebensgemeinschaften noch abfällig »wilde Ehe« genannt wurden, wenn das Gesetz vorsieht, dass eine Ehe »wegen ihres besonderen rechtlichen Rahmens« der bessere Garant für eine stabile Beziehung sei, weil sie »auf Lebenszeit« angelegt sei. Gleichzeitig leben in Deutschland etwa eine Million Kinder in Stiefkindfamilien, in denen in etwa 90 Prozent der Fälle Stiefväter ohne jede rechtliche Pflicht wertvolle Beiträge zur Erziehung, Ausbildung und emotionalen Unterstützung der Kinder erbringen. Deutsche Stiefeltern, die nicht mit dem Partner verheiratet sind, befinden sich rechtlich gesehen in einer absoluten Randposition. Sie haben nicht einmal, wie ihre österreichischen Pendants, eine Schutzpflicht. Der Marburger Professor Tobias Helms forderte im Jahr 2016 am Deutschen Juristentag eine Aufwertung von Stiefmüttern und -vätern. »Denn die soziologischen Befunde zeigen, dass die Entstehung eines sozialen Eltern-Kind-Verhältnisses nicht davon abhängt, ob es sich um einen durch Eheschließung beziehungsweise Partnerschaft verbundenen oder einen faktischen Stiefelternteil handelt.«

Aber wie lässt sich soziale Elternschaft abseits von Obsorge- und Schutzpflichten tatsächlich langfristig regeln? Wer darf später einmal erben? Was passiert, wenn komplexe Patchworkfamilien nicht einmal, sondern ein zweites Mal entstehen und Stiefmütter und -väter über ihr Leben hinweg gesehen immer wieder verschiedene Verantwortungen für Kinder in ganz unterschiedlichen Zusammenhängen abseits der klassischen Ehe übernehmen? Hätten Juristinnen und Juristen versucht, für das Leben der im vorangegangenen Kapitel beschriebenen !Kung-Frau Nisa ein rechtliches Korsett zu finden, sie wären vermutlich gescheitert.

Am innovativsten und progressivsten in gesellschaftspolitischen Fragen sind traditionell die grünen Parteien. Sie waren es, die die Homo-Ehe vorangetrieben haben – die man natürlich auch als merkwürdiges Desiderat ansehen kann, wenn man sich mit der Geschichte der klassischen Ehe näher auseinandergesetzt hat, aber das nur nebenbei. Sie entwerfen Visionen für eine Gesellschaft jenseits bürgerlicher Zwänge und Traditionen. »Die beiden Preisfragen unserer Zeit lauten, wie man Kindern die Geborgenheit einer stabilen Familie geben kann. Und wie um Himmels willen eine Beziehung ohne Exklusivitätsanspruch funktioniert. Abschließende Antworten darauf kann die Ehe für keinen mehr geben«, stellt die deutsche Journalistin Susanne Gaschke zu Recht fest. Die Ehe ist es nicht, sie ist rechtlich ausgehöhlt, argumentiert sie.

Sie funktionierte eben nur in ihrer klassischen, auf Fortpflanzung gerichteten Form unter den Bedingungen der ersten Nachkriegsjahrzehnte. »Das aktuelle familienpolitische Paradigma, vertreten von SPD, Grünen und Linken bis zu FDP und Union, sieht hingegen die Vollzeitberufstätigkeit der Erwachsenen und ganztägige Kinderbetreuung vor. Das Unterhaltsrecht stellt Kinder aus nicht ehelichen Beziehungen mit ehelichen Kindern gleich und legt es Frauen mehr als nahe, so früh und so viel wie möglich zu arbeiten. Für diesen familienpolitischen Weg gibt es offenkundig demokratische Mehrheiten. Nur braucht man die Ehe dafür nicht mehr dringend«, schreibt Gaschke.

Was aber braucht es? Für Patchworkfamilien haben die deutschen Grünen das »Rechtsinstitut elterliche Mitverantwortung« erfunden und in ihr Wahlprogramm 2017 geschrieben. Hetero- wie homosexuelle Patchworkerinnen und Patchworker, hochstens aber beide leiblichen Eltern und die neue Partnerin bzw. der neue Partner sollen die sogenannte soziale Elternschaft bekommen können. Mit einem Familienpass können dann die neuen, rechtlich gleichgestellten Eltern problemlos mit allen Kindern ins Flugzeug steigen oder zum Arzt gehen. Was aber ist mit Pflichten wie beispielsweise dem Kindesunterhalt? Den sollen alle Beteiligten zahlen, schlagen die Grünen vor. Bei einem Dreierpatchwork – etwa leibliche Mutter, leiblicher Vater, neuer sozialer Vater – würde der Unterhalt gedrittelt. Sind vier Elternteile beteiligt, soll er geviertelt werden. Diese Unterhaltspflicht soll auch bestehen bleiben, wenn sich die Patchworkeltern wieder trennen.

Das klingt abschreckend und viel zu kompliziert, waren sich Kommentatoren einig. Wer will schon Unterhalt für Kinder zahlen, die Beutekinder aus einer Ex-Ex-Beziehung sind? Die konsequenteste ökonomische Antwort auf die Auflösung der klassischen Familie wäre wohl eine Kindergrundsicherung, verbunden mit dem Recht auf einen kostenfreien Kindergartenplatz ab dem ersten Geburtstag und einen kostenfreien Schulplatz. In einer Gesellschaft auf dem Weg in die Individualisierung, in der Menschen füreinander Verantwortung übernehmen und sich umeinander kümmern und einander pflegen, unabhängig davon, ob sie biologisch oder sozial verwandt sind, greifen klassische Modelle der Steuerentlastung für Ehen oder Familien einfach nicht mehr.

Kein Wunder, dass alle Debatten um die großen Fragen »Und wie weiter?, Wie finanzieren wir das?, Wie organisieren wir das?« früher oder später beim Grundeinkommen landen. In einer Welt, in der es nicht mehr darauf ankommt, welches Alter man hat, welches Geschlecht, wo man beim sogenannten »Familienstand« auf Formularen sein Kreuzerl macht, verheiratet, ledig, getrennt lebend, geschieden, in der es biologische und soziale Mütter und Väter gibt, erübrigen sich automatische oder unterstellte Zuweisungen von selbst.

Die Münchner Soziologin Paula-Irene Villa bringt es auf den Punkt: »Ein Grundeinkommen wird dann zur einzigen wirklich überzeugenden Perspektive, die dem Anspruch gerecht wird, dass wir beides wollen und auch müssen, gesellschaftlich wie individuell: Erwerbs- und Pflegearbeit. Es muss ja Geld oder Mehrwert generiert werden, ob das jetzt kapitalistisch oder sozialistisch gedacht wird, und wir müssen und wollen aber auch Sorge betreiben, uns um uns selbst kümmern, um andere kümmern, Zeit für Beziehungen, für Zuwendungen haben, für Kranke. Eine individuelle Antwort kann nur im Grundeinkommen liegen. Andere Modelle, Phasenmodelle oder Teilzeitmodelle sind alle letztlich inkonsequent.«

Nur, bis es so weit ist, wird es sicher noch ein wenig dauern.

6. Stiefmutterschaft im Alltag: ein Patchwork-Abc

Stiefmuttersein ist wunderbar, es ist überraschend, unterhaltsam, nie langweilig, bisweilen anstrengend, aber immer ganz und gar individuell und einzigartig. Jede Stiefmutter hat ihre eigene Geschichte, die sich aus den Geschichten ihrer Familie und ihres eigenen Lebens zusammensetzt. Natürlich gibt es Stiefmutter-Ratgeber, die genau die eine Verhaltensweise empfehlen, etwa wenn es um Erziehungsfragen von Stiefkindern geht, andere empfehlen genau Gegenteiliges für die gleiche Situation. Aber für den Stiefmutter-Alltag gibt es nicht das eine Rezept oder den einen Königsweg. Es gibt viele unterschiedliche Versatzstücke, Tipps, Schlagwörter, Momente, um die man nicht herumkommt, aus denen sich jede ihr ganz eigenes, persönliches Stiefmutter-Konzept zusammennähen kann. Deshalb finden Sie an dieser Stelle ein fröhliches und manchmal auch nachdenkliches Abc des Stiefmutterseins – zum Selbergestalten.

A wie Antworten: »Meine Mutter macht das aber nicht so.« »Bist du jetzt meine Stiefmama?« »Du hast kein Recht, mir das zu sagen. Du bist nicht meine echte Mama!« Es gibt noch kein Stiefmütter-Konversationslexikon, gäbe es eines, böte es auf archetypische Stiefkind-Sätze wie diese Musterantworten an, die man am besten auswendig lernt, damit man im Moment der Kränkung nicht versehentlich sagt: »Wenn ich das so machen würde wie deine Mutter, würde mich dein Papa nicht lieben.« Eine bessere Antwort ist: »Deine Mutter macht das so, aber ich mache es gerne so. Das passt einfach besser für mich.« Auf »Bist du jetzt meine Stiefmama?«, »Wie würdest du mich denn gerne nennen?« Und auf »Du hast kein Recht, mir das zu sagen. Du bist nicht meine echte Mama!«, »Ich bin nicht deine echte Mama, aber in unserem Zuhause hier haben wir diese Regeln, und an die wollen wir uns alle halten.«

B wie Baby: Noch ein eigenes Kind mit meinem neuen Mann bekommen? Die Frage stellt sich vermutlich recht bald für Stiefmütter, sofern sie das Kapitel Fortpflanzung nicht grundsätzlich abgeschlossen haben (oder es mussten). Auf der Habenseite steht: Ein eigenes Kind »wirkt Wunder auf Ihre Stellung innerhalb der Patchworkdynastie«, wie es Sally Bjornsen ganz pragmatisch und machtbewusst formuliert. Stiefmutter und Mutter wiegt mehr als Stiefmutter. Gleichzeitig heißt es, dass das Zwitterleben als Stiefmutter und Geliebte vorbei ist. Freie Wochenenden zu zweit sind perdu. Und natürlich rumpelt es ordentlich im Patchworkgefüge, wenn noch einmal Nachwuchs kommt. Die Stiefkinder, die Ex, die Schwiegereltern – für sie alle bedeutet das eine Neuordnung. Ist der Abstand zwischen Stiefkindern und leiblichem Kind groß, wächst die Chance, dass Sie als Mutter ein oder zwei oder mehrere begeisterte Babysitter erbeuten. Wie auch immer Sie sich entscheiden: Kinder sind ein wunderschönes Abenteuer, ob erbeutet oder selbst gezeugt.

B wie »belle-mère«: Die »belle-mère«, so nennen Franzosen ihre Nicht-Mütter wie Schwieger- oder Stiefmütter ohne Unterscheidung, ist mein persönliches Leitbild als Stiefmutter. Sie ist der Inbegriff der guten Stiefmutter: entspannt, gelassen, sorgend und kümmernd, ihrem Stiefkind gerade so viel Mutter, wie dieses es zulässt. Nicht possessiv, aber verlässlich, keine Ersatzmutter, sondern einfach da. Auf Dauer.

C wie Chaos: Chaos ist Teil eines jeden Familienlebens, freunden Sie sich damit an. Auch wenn Sie sonst gerne alles unter Kontrolle haben, perfekt geplante Wochenenden lieben, das Beste aus jedem Moment rausholen wollen. Machen Sie sich darauf gefasst, dass das Leben mit Stiefkindern Sie in Situationen bringen wird, die Sie sich nie vorstellen konnten. Jemand wird krank, verletzt sich, bekommt einen Tobsuchtsanfall, trotzt, ist unglücklich – oder umgekehrt, jemand macht eine wunderbare Entdeckung, ein unbeachtetes Detail wird zur Hauptgeschichte, etwas Kleines zur unbändigen Freude. Familienalltag hält Wendungen bereit, die alle überraschen, es ist das beste Gegenmittel gegen Routine und Erstarrung.

Verabschieden Sie sich also von der Perfektionistin in sich, zumindest fürs Privatleben. Eine Familie erbeuten heißt, Improvisieren wiederzuerlernen (falls Sie es verlernt haben), spontan zu sein und mit freudiger Gelassenheit in den Tag leben zu können. Es wird nie langweilig, versprochen.

D wie Disziplin: Disziplin. Oder Grenzen. Oder Regeln. Stiefmuttersein bedeutet auch, zu erziehen und einen eigenen Erziehungsstil zu entwickeln. Und zwar relativ schnell, von heute auf morgen, ohne sich beim Heranwachsen an diese Aufgabe heranzutasten. Im Fall komplexer Stieffamilien bedeutet es, zwei bestehende Erziehungsstile zu harmonisieren, zumindest in den Grundzügen – was bedeutet, dass Sie sich vor den Kindern immer einig sein müssen. Kinder können mit unterschiedlichen Erziehungsstilen in ihren Mama- und Papafamilien umgehen, sie müssen nur in sich konsistent sein. Sie können nicht einen auf Laisser-faire machen, während der Vater das strenge Regiment führt, und umgekehrt. Sie müssen abklären, welche Regeln gelten und wer sie bestimmen darf. Immer der anwesende Elternteil? Der biologische Vater, wenn er da ist? Sie, wenn er nicht da ist? Teilen Sie sich Erziehungsaufgaben auf, sind Sie als Stiefmutter beispielsweise für Alltägliches wie Tischmanieren, Auf- und Wegräumen zuständig und der Bio-Vater für Grundsätzliches wie Noten, Taschengeld, Sanktionen? Was passiert, wenn Ihr Stiefkind Sie beschimpft oder sonstwie ausfällig wird?

Für welchen Erziehungsstil Sie sich als Paar auch immer entscheiden, erklären Sie es den Kindern und klären Sie auch Ihre Rolle ab. Weniger als der Co-Kapitän (im Fall, dass der Vater der Kapitän ist) geht nicht, andernfalls werden Sie untergehen. Achten Sie darauf, dass der Vater Sie als Stiefmutter den Kindern entsprechend vorstellt und hinter Ihnen steht. Kinder sind natürliche Grenzenausloter, und Sie als Stiefmutter setzen die Maßstäbe beim ersten Aufeinandertreffen. Deswegen ist es gut, sich das vorher genau durchzuüberlegen. Im Falle von Problemen lohnt es sich, ganz klare Regelwerke mit Belohnungsmodellen aufzustellen. Dafür reicht bei Vorschulkindern und Volksschulkindern (Grundschulkindern) schon ein Kalenderblatt aus, auf das pro Kind und pro gutem Tag ein Sternchen gemalt wird. Fünf Sternchen ergeben eine Belohnung am Wochenende. 20 Minuten Nur-Papa-Zeit, oder 20 Minuten Extra-Screen-Zeit oder ein Ausflug nach Wunsch des Kindes. Auch hier gilt: Fühlen Sie sich überfordert, holen Sie sich Hilfe von Familientherapeuten oder anderen Stiefeltern. Nichts ist belastender für eine Stiefmutter und ihren Partner, als Stiefkinder (und eigene Kinder), die das neue Zuhause zur Erziehungshölle machen.

E wie Eifersucht: Eifersucht kann ein Dauergast in Patchworkfamilien sein. Die Stiefmutter ist eifersüchtig auf das Stiefkind, das mit seinem Papa kuschelt – und nicht mit ihr. Sie ist eifersüchtig auf die Ex-Frau und Mutter des Stiefkindes, wenn der Vater – was immens wichtig ist – sich um ein gutes Einvernehmen bemüht und regelmäßig Kontakt zu ihr hält. Das Kind ist eifersüchtig auf die neue Frau an der Seite seines Papas. Hier heißt es einfach, erwachsen sein, seine Befindlichkeiten zurückzustecken und sich am besten jemanden suchen, bei dem man sich über seine misslichen Gefühle auslassen kann. Ein Ventil, vielleicht eine andere Stiefmutter, die das nagende Eifersuchtsgefühl ganz bestimmt genauso gut kennt.

E wie Etikette: Etikette, Umgangsformen, Regeln des Zwischenmenschlichen haben einen großen Wert, wenn das Terrain unbekannt oder unsicher ist. Sie geben Halt und Sicherheit und schützen vor Verletzungen und Kränkungen. Die Benimmfibel für Patchworkfamilien muss noch geschrieben werden, genauso wie Stiefmütterskripts, aber Folgendes sollte selbstverständlich sein: Sie lernen die Kinder Ihres neuen Partners, dessen Ex und die Familie der Ex (vor allem die Schwiegermutter) bei einem Anlass auf neutralem Boden kennen, und Ihr Partner stellt Sie vor. Ihr Partner kümmert sich auch um die Umstände des ersten Treffens, das ist nicht Ihre Aufgabe. Als etabliertes Paar sind Sie dafür verantwortlich, dass die jeweiligen Familien, allen voran die Großeltern, ihre Stiefenkel genauso behandeln wie leibliche Enkel. Für sie liegt ein Geschenk unter dem Christbaum, ihre Geburtstage werden gewürdigt (und sei es nur mit einer Geburtstagskarte, einem Anruf etc.). Es verletzt Kinder unendlich, wenn sie spüren, dass sie nicht erwünscht sind. Es dauert vielleicht einige Jahre, bis alle sich an diese Etikette gewöhnt haben, aber sie sollte auch in Ihrem Interesse nicht verhandelbar sein. Verwandte, die sich nicht daran halten, müssen leider außen vor bleiben.

E wie Ex, die Ex: Sie ist die Nummer eins, die leibliche Mutter, und deshalb sollte die Stiefmutter erst gar nicht in Konkurrenz mit ihr treten. Ausnahme: die abwesende Ex, sei es aus Krankheit oder weil sie ganz woanders lebt. Oder die verstorbene Ex. Aber auch für diese Fälle gilt: niemals versuchen, die bessere Mutter zu sein. Als Grundregel gilt: Wenn die Ex beim Patchworken nicht mitmachen will, aus welchen Gründen auch immer, heißt es, besonders nach- und vorsichtig zu sein. Es wäre fatalistisch zu sagen, die Beziehung ist in diesem Fall von vornherein zum Scheitern verurteilt, aber es erschwert sie jedenfalls massiv. Deshalb: diese Art von Ex mit Samthandschuhen angreifen und nicht reizen. Ein Glücksfall ist eine kooperative Ex, pflegen und hegen Sie sie. Sie ist Gold wert. Für alle Ex, die zwischen Hex und Gold-Ex liegen, gilt: freundlich und kooperativ bleiben und runterschlucken, was einem auf den Lippen liegt.

F wie Familienkonferenz: Wenn es mal kracht, hilft dieses Modell aus der Psychotherapie weiter, das auch die auf Patchworkfamilien spezialisierte Psychologin Katharina Grünewald empfiehlt. Alle Patchwork-Familienmitglieder setzen sich an einen Tisch und bekommen Kärtchen, auf die sie ihre Wünsche schreiben. Am Tisch ist jeder gleichberechtigt, Erwachsene wie Kinder, es gilt das Prinzip der Augenhöhe. Nun werden die Kärtchen aufgelegt und nach Themen gruppiert – ein Puzzle, ein Patchwork entsteht. Dann bekommt jeder die Möglichkeit, dazu für eine bestimmte Zeit zu sprechen, ohne unterbrochen zu werden. In der nächsten Runde kann jeder Vorschläge machen, was man verbessern könnte. Oft hilft schon das Gehörtwerden und Aussprechen, Konflikte zu entspannen. Wichtig ist, dass sich alle an die vorher definierten Regeln halten – aussprechen lassen, nicht unterbrechen, nicht in die Diskussion gehen. Es ist übrigens sinnvoll, einen symbolischen leeren Stuhl für jene Familienmitglieder aufzustellen, die nicht am Tisch sitzen. Etwa der oder die Ex des Partners. Das hilft den Kindern, ihren eigenen Standpunkt darzulegen – und nicht aus Loyalität den ihrer leiblichen Mutter oder ihres leiblichen Vaters.

G wie Geld: Doppelte Wohnsitze, doppelte Kinderzimmer, doppelte Geburtstage, Weihnachten, Ostern, Zeugnisgeschenke und vieles mehr bis hin zu Kleinigkeiten wie kindergerecht befüllte Kühlschränke – Stiefmütter werden von heute auf morgen in einen Patchworkhaushalt und seine besonderen Kostenansprüche gestoßen. Geld kann in solchen Konstellationen schneller ein Thema werden als in klassischen Familien, schließlich müssen zwei Personen jeweils für sich die Infrastruktur für ihre Kinder erhalten. Auch wenn es unromantisch ist, gehört über Geld offen geredet. Gerade auch über die Erwartungen, die in dieser Hinsicht an die Stiefmutter gestellt werden. Klarheit schafft Sicherheit.

H wie Hobbys: Hobbys, Freizeit, eigene Interessen und Freundschaften verfolgen: Wer in eine Stieffamilie aufgenommen wird, ist logischerweise eine Zeit lang völlig damit beschäftigt, sich zurechtzufinden und seinen Standpunkt zu suchen. Das ist aufwendig und kostet Kraft und Stunden. Machen Sie dabei nicht den Fehler, dass Sie Ihre eigenen Interessen, Ihre Freundinnen und Freunde, Ihre Hobbys auf Eis legen. Etablieren Sie von Anfang an abseits der Kinder- und Paarwochenenden oder -tage Ihre eigenen Auszeiten, die Sie für sich alleine haben, ohne Anhang. Sie geben damit dem Vater Zeit alleine mit seinen Kindern, die er und Sie unbedingt auch brauchen. Und Sie laufen nicht Gefahr, im aufreibenden Patchworkalltag Ihr Ich zu verlieren.

H wie Humor: »Viele glückliche Stiefmütter, die ich über die Jahre kennengelernt habe, versicherten mir eines: Es braucht eine gute Portion Humor, Selbstbewusstsein und ausreichend Vorräte guten Weins, um am Ende eine nicht ganz so böse Stiefmutter zu werden«, schreibt die Amerikanerin Sally Bjornsen in ihrem hinreißend witzigen Ratgeber »The Single Girl's Guide to Marrying a Man, His Kids and His Ex-Wife«. Humor ist in allen Lebenssituationen hilfreich, wer Stiefmutter wird, braucht ihn besonders. Es warten einfach zu viele Situationen auf einen, die potenziell verletzend und irritierend sein können. Es hilft auch, sich immer wieder zu vergegenwärtigen, dass viele der Probleme, die Sie mit Ihren Stiefkindern und der Ex Ihres Partners erleben, nichts mit Ihnen selbst zu tun haben, sondern in deren Vorgeschichte begründet sind. Gewöhnen Sie sich das Mantra an: »Es geht nicht um mich. Es geht nicht um mich. Es geht nicht um mich.«

I wie Information: Informieren Sie sich über alles, was als Stiefmutter auf Sie zukommt. Machen Sie eine Art zweite Matura in Sachen Erziehung, Familie, Psychologie und Partnerschaft. Leider bereitet uns niemand auf diese Aufgaben vor, wir starten mit dem, was wir aus unserer eigenen Kindheit wissen. Das Gute ist, die Anzahl an Ratgebern ist schier unüberschaubar und es ist für jeden Geschmack etwas dabei. Ich persönlich empfehle die Bücher des Schweizer Kinderarztes Remo H. Largo – weil sie erklären, was ist, und weniger deklamieren, was sein soll.

J wie Jugend: Je jünger Ihr Stiefkind, desto einfacher wird es für Sie sein. Das ist ein wenig unfair, aber so ist es einfach. Kinder im Alter bis zu vier, fünf Jahren fällt es am leichtesten, sich auf eine neue Bezugsperson einzustellen. Sie als Stiefmutter sind einfach da und gehören dazu, mitunter so schnell und unmittelbar, dass es Sie überrumpeln, überraschen und überwältigen wird.

K wie Konkurrenz: Konkurrenz, vor allem zur Ex, ist Gift für jede Stiefmutter. Sie sind nicht die bessere Mutter und Sie werden es auch nie sein, selbst wenn Sie das Gefühl haben, Sie machen es besser. Haken Sie das Thema gleich am Anfang für sich ab (siehe auch »die Ex«).

L wie Liebe: Liebe steht am Anfang, die Liebe zu einem Mann mit Kindern. Liebe gehört nach der ersten, rasanten Phase der frischen Verliebtheit und des Rausches der Gefühle gepflegt und gehegt, umso mehr, wenn sie zwischen Stiefkindern, vielleicht auch eigenen Kindern, Ex-Frauen und Ex-Männern weiterwachsen soll. Dafür braucht es Zeit und Raum, der bewusst gesucht und besucht werden muss. Nehmen Sie sich Auszeiten von allem, suchen Sie sich Hideaways. Das ist keine Frage des Geldes. Rituale wie gemeinsame Spaziergänge, bei denen jeder erzählen kann, während der andere zuhört, sind genauso wertvoll wie ein Wochenendflug nach Paris, Venedig oder eine andere Sehnsuchtsdestination.

M wie Mama-Mafia: Die Mama-Mafia ist ein exklusiver Zirkel, in den nur biologische Mütter aufgenommen werden. Er trifft sich mit Vorliebe an Elternabenden, bei Kindergeburtstagen oder auf Spielplätzen – also an jenen Orten, an denen man als Stiefmutter von vornherein immer ein bisschen das Gefühl hat, nicht ganz dazuzugehören. Mitglieder der Mama-Mafia nehmen Stiefmütter oft nicht für ganz voll, vielleicht nehmen sie ihnen auch übel, dass sie Mutterschaft ohne die Anstrengungen der Schwangerschaft, der Kleinkindphase, des Verzichts auf Karriere erlangt haben. Für sie ist die Stiefmutter immer auch Warnung, dass ihr eigenes Familienleben prekär ist und auch sie einmal eine Ex sein könnten, deren Kinder von einer neuen Allomutter mitversorgt werden. In die Mama-Mafia aufgenommen zu werden, ist sinnlos. Am besten begegnet man ihr mit resoluter Selbstverständlichkeit und stellt von Anfang an klar, wer man ist. Felicitas von Lovenberg beschreibt es in ihrem Buch »Und plötzlich war ich zu sechst« sehr gut. Ihre Freundin wurde am Spielplatz von einer Mutter gefragt: »Ich habe Sie hier noch nie gesehen. Welcher ist denn Ihrer?« Als sie auf ein matschverschmiertes Stiefkind deutete, meinte die Frau: »Conrad? Aber ich dachte …« Die Freundin antwortete gelassen: »Ja natürlich, das ist Tinas Sohn. Ich bin seine Stiefmutter.« Und jedenfalls dabei das Wörtchen »nur« weglassen. Also nicht sagen: »Ich bin nur seine Stiefmutter.«

M wie Muttertag: Muttertag ist eines der klassischen Themen, bei denen Patchwork-Etikette dringend gefragt ist. Es gibt sie nur noch nicht. Hier ein Vorschlag aus den USA, wo man da schon etwas mehr Erfahrung hat. Wenn die biologische Mutter der Kinder in einer fixen Beziehung lebt, überlassen Sie es der Mamafamilie, also Ihrem neuen Partner und den Kindern, dieses Fest zu organisieren. Lebt die Mutter alleine und wollen die Kinder mit ihr Muttertag feiern, können Sie als Stiefmutter mit den Kindern und dem Vater ein gemeinsames Geschenk organisieren, das ihr die Kinder dann überreichen. In den USA sind inzwischen übrigens auch Stiefmutter-Grußkarten und Geschenke üblich, die zum »Stiefmuttertag« überreicht werden. Das ist eine Variante, eigene Rituale (siehe Stichwort) zu etablieren, sofern Sie das wollen und solche Feiertage nicht ohnehin fragwürdig finden.

N wie Nummer zwei: Eine Stiefmutter ist immer Nummer zwei. Nummer eins war die leibliche Mutter der Kinder ihres Partners, wenn er ein guter Vater ist, wird er in problematischen Situationen oft seinen Kindern den Vorzug geben. Aus Prinzip und aus schlechtem Gewissen ihnen gegenüber. Das heißt nicht, dass er die Stiefmutter seiner Kinder weniger liebt. Das zu akzeptieren mag schwerfallen, aber es macht vieles leichter.

O wie Ohnmacht: Ohnmacht kann eine Stiefmutter erleben, wenn der Partner ein verhinderter Vater ist – also seine Kinder nicht so oft sehen kann, wie er es gerne möchte, oder in einer sehr strittigen Beziehung zu seiner Ex lebt. Damit umzugehen, ist sehr, sehr schwierig. Es bleibt eigentlich nur die Akzeptanz des sich Abfindens damit, dass man es nicht ändern kann – und die Hoffnung, dass sich mit dem Älterwerden der Kinder die Lage entspannt.

P wie »Pas devant les enfants«: »Nicht vor den Kindern« ist, wie Felicitas Lovenberg in ihrem Buch »Und plötzlich war ich zu sechst« schreibt, ohnehin eine goldene Elternregel. Vor den Kindern streiten, andere ausrichten und schlechtmachen ist schon in klassischen Familien unmöglich. In Patchworkfamilien hören geschulte und gespitzte Kinderohren gleich doppelt so genau hin, und mit Sicherheit schnappen sie genau den verklausulierten Halbsatz auf, der ihrer Mutter, der Schwiegermutter oder einem anderen Familienmitglied gilt. Diese Disziplin lohnt sich, wirklich.

Q wie Quality Time: Quality Time, ein fürchterliches Wort. Es kommt aus dem Englischen und meint bewusst gemeinsam verbrachte Zeit. Aus Sicht eines Stiefkindes ist das jene Stunde, in der Sie Ihr Handy weglegen (und zwar wirklich weglegen) und sich ihm und ihr ganz widmen. Fragen Sie einfach mal Ihr Beutekind, sofern es noch präpubertär ist, was es am liebsten machen würde. Lassen Sie es erzählen, was es heute erlebt hat. Was am schönsten und was am ärgerlichsten war. Nehmen Sie es mit und zeigen Sie ihm, was Sie gerne machen. Spazieren gehen, Menschen im Café beobachten, eine Runde Rad fahren – lassen Sie es an Ihrem Leben teilhaben. Bewusste Zeit miteinander zu verbringen ist ein selten gewordenes Geschenk, das man viel öfter machen sollte.

R wie Rituale: Geburtstage, Namenstage, Weihnachten, Ostern, Fasching, Advent – welche Feste Sie auch feiern wollen, als Stiefmutter lohnt es sich, in Absprache mit Ihrem Partner eigene Rituale zu erfinden, die nicht in Konkurrenz zu bestehenden Ritualen (vor allem nicht zu bestehenden Ritualen in der Mamafamilie) stehen. Es ist sinnlos, die besseren, schöneren, aufregenderen Partys zu geben, erfinden Sie lieber eine eigene Tradition. Kinder lieben Rituale, wenn sie mit Geschenken oder Festlichkeiten verbunden sind, noch mehr. Das kann die gleiche Lieblingsspeise sein, die immer am Tag des Wechsels, wenn die Kinder von der Mamafamilie zu Ihnen in die Papafamilie kommen, auf sie wartet. Wechseltage sind für Kinder, auch wenn sie es nicht zeigen, immer belastend. Es erinnert sie daran, dass Mama und Papa an zwei Orten leben und nie mehr zusammen sein werden, wie sie es sich insgeheim wünschen. Palatschinken mit der Lieblingsmarmelade, die Pizza zum Selberbelegen, Pasta mit der Sauce nach eigenem Rezept geben ein wenig Halt in solchen Transfersituationen und helfen anzukommen.

S wie Soziale Verwandtschaft: Soziale Verwandtschaft nennen Soziologen Beziehungen zwischen Menschen, die nicht rein biologisch bestimmt sind. Es ist ein Schlüsselbegriff für Stiefmütter, denn sie erleben genau das. Sie können mit diesem Begriff nichts anfangen? Denken Sie vielleicht an Ihre beste Freundin aus Schulzeiten zurück, für die Sie alles getan hätten. Oder die Freundin, die Sie durch Ihre letzten Lebensphasen begleitet hat und immer für Sie da war, egal wie schlecht es Ihnen ging. Unter meinen Freundinnen, von denen einige schon mehr als eine Trennung hinter sich haben, gibt es ein geflügeltes Wort: Männer kommen und gehen, Freundinnen und deine Kinder bleiben dir. Das hat etwas Wahres. Umso schöner ist es, wenn dieses Bleiben auch auf Stiefkinder – und natürlich auf ihre Väter – zutrifft. Soziale Verwandtschaft, das heißt vertrauensvolle, nachhaltige, verlässliche Beziehungen fürs Leben zu etablieren.

S wie Stiefmutter: Verabschieden Sie sich vom Stiefmutter-Image, sehen Sie es als eine Negativvorlage des deutschen, hochstilisierten Mutterideals. Als solches ist es auch im 19. Jahrhundert entstanden. Seien Sie sich bewusst, dass in Grimms Märchen die Stiefmutter in der Urfassung sogar die leibliche Mutter war, aber die Märchensammler Grimm die Figur der bösen, niederträchtigen und gemeinen Mutter zur Stiefmutter machten.

T wie Tabu: Tabus gibt es in jeder Familie, rechnen Sie damit, dass Sie als Stiefmutter diejenige sind, der sie als Erstes auffallen und die sie als Erste anspricht. Das bringt Ihre Rolle als Von-außen-Kommende automatisch mit sich. Tabus aufbrechen kann ein sehr wichtiger und produktiver Prozess sein, aber er ist natürlich auch schmerzhaft und konfliktreich. Wenn Sie als Stiefmutter Unbehagen mit der »Familienaufstellung« haben, thematisieren Sie es gleich – und holen Sie sich professionelle Unterstützung, wenn es knarzt.

U wie Urlaubsplan: Sie gehören nicht zu denen, die ihren Sommerurlaub schon im Jänner buchen? Tja, als Stiefmutter lohnt es sich, sich das anzugewöhnen. Familienleben bringt es mit sich, dass, wenn die Kinder in die Schule kommen, Urlaube sich nach den Schulschlusszeiten der Kinder richten. Ist das schon fordernd genug – wer will schon Urlaub in der Hochsaison machen müssen, wenn es alle tun? –, planen erfahrene, getrennt lebende Eltern ihre Oster-, Pfingst-, Semester-, Winter- und Sommerferien oft schon Monate im Voraus, wenn nicht Jahre. Dieses Jahr sind die Kinder bei mir, nächstes Jahr bei dir. Im Sommer nimmst du sie die ersten drei Wochen, ich die zweiten – solche etwas zwänglerisch anmutenden Zwei- bis Dreijahrespläne sind nichts Ungewöhnliches und machen das Zusammenleben im Regelfall für alle Involvierten einfacher. Aber das gehört natürlich rechtzeitig im Beruf mit den Kollegen und dem Arbeitgeber abgestimmt. Achten Sie als Stiefmutter darauf, dass Sie nicht nur einen Patchworkfamilien-, sondern immer auch einen Paarurlaub für sich alleine ausverhandeln. Und rechnen Sie damit, dass Hideaway-Wochenenden kurzfristig ausfallen, weil Kinder krank werden oder der Ex etwas dazwischenkommt. Rechnen Sie aber auch damit, dass in gut funktionierenden Patchworkfamilien ein klares Give-and-take-Prinzip herrscht und solche Ausfälle kompensiert werden. Wenn dem nicht so ist, liegt es vermutlich an Ihnen, solche Regelwerke einzufordern. Legen Sie Wert darauf, dass – sofern mehrere Patchworkpaare zusammenhängen – alle im gleichen Takt schwingen und sich für jedes Paar damit Kinder- und kinderfreie Wochenenden ergeben. Übrigens: Urlaub mit Kindern ist nicht Urlaub, wie man ihn kannte, bevor man Kinder hatte, sondern auch eine Form von Arbeit, aber schöne Arbeit.

V wie Verbündete: Suchen Sie sich andere, erfahrene Stiefmütter zum Austausch, es gibt ohnehin schon genug. Natürlich können Sie sich auch die gängigen Ratgeberbücher kaufen (eine Auswahl finden Sie am Ende dieses Buches), aber noch besser ist es, sich mit anderen Stiefmüttern über die Freuden und Leiden des Alltags als Teilzeitmutter und neue Frau an der Seite eines Vaters zu unterhalten. Ich bin nicht alleine mit meinen Problemen / Themen / Herausforderungen (wie Sie es am liebsten nennen)! Die haben das schon hinter sich! Nachdem das Stiefmutter-Dasein immer noch so wenig »institutionalisiert« und gesellschaftlich anerkannt ist, fehlen Arbeitsplatzbeschreibungen, Skripts, Selbstvergewisserungsrituale. Also organisiert man sich das alles am besten selbst. Denn nichts wäre schlimmer, als aus der Nichtanerkennung und dem Misstrauen, die einem als Stiefmutter derzeit noch vielfach entgegengebracht werden, den Schluss zu ziehen:

Was ich mache, ist eigentlich nichts wert. Und Stiefmüttersolidarität kann – genauso wie die Müttersolidarität – ein unglaublich starker Kitt sein, den man aber erst kennen und freudig spüren lernt, wenn man aktiv und selbstbewusst in die Welt der Stiefmütter eintritt und sich dort Verbündete sucht.

V wie Vergangenheit: Erkunden Sie die Geschichten Ihres Partners und seiner Familie, verschaffen Sie sich Klarheit über Ihre eigene Familiengeschichte. Hinterfragen Sie Ihre Vater- und Mutterideale, reden Sie mit Ihrem Partner über seine und die seiner Ex. Wenn Sie eine neue Familie aufbauen wollen, müssen Sie wissen, welche Fundamente es gibt, was verschüttet ist, was stehen bleiben kann, was abgerissen werden sollte.

W wie Weihnachten: Weihnachten ist für Patchworkfamilien immer eine ambivalente Zeit. Das Fest der Feste für Familien zu feiern, wenn Familien zersprengt sind, kann schwierig und bisweilen sehr traurig sein. Aus Sicht der Kinder wiederum sind doppelte oder dreifache Weihnachten mitunter hochfreudig, solange sie noch im Geschenke-Alter sind. Die Aussicht auf multiple Bescherung lernen sie meistens recht schnell zu schätzen, gleichzeitig ist das ökonomisch sehr fordernd, deshalb ist es sinnvoll, Geschenke abzusprechen und vielleicht besser, größere und dafür nur eines oder zwei Packerl unter den Baum zu legen. Viele Patchworkfamilien probieren verschiedene Varianten durch: gemeinsam mit biologischen und Stiefeltern feiern. An einem Abend da, am anderen dort feiern. Oder das Fest überhaupt öffnen und zu einem größeren Fest oder einer Party für Freunde und Familie machen – eine empfehlenswerte Variante, wenn das Verhältnis zwischen Partnern und Ex-Partnern zwar gut, aber wiederum nicht so gut ist, dass man stundenlang zusammen neben einem geschmückten Christbaum sitzen möchte. Wenn Ihnen Weihnachten wichtig ist, haben Sie als Stiefmutter natürlich auch das Recht auf Ihr eigenes Weihnachtsfest. Achten Sie darauf, dass Sie im Trubel der vielen Wünsche und Bedürfnisse nicht untergehen, und beginnen Sie möglichst früh, Ihr Terrain abzustecken und es alle wissen zu lassen.

X wie X-Chromosom: Das X-Chromosom steht für das Weibliche. Als Stiefmutter sind Sie eine weitere Frauenfigur im Leben Ihrer Stiefkinder und natürlich auch im Leben Ihres Partners. Aber denken Sie daran, dass Sie nicht die typische Frauenposition einnehmen müssen. Und vielleicht auch gar nicht sollten. Hüten Sie sich vor Männern, die vor allem eine neue Haushälterin, Köchin und Familienmanagerin für sich und ihre Kinder suchen. Sonst finden Sie sich früher als gedacht im Hotel Stiefmama wieder. Denken Sie immer daran, dass Sie frei in der Gestaltung Ihrer Rolle als Stiefmutter sind, freier als die leibliche Mutter. Das ist ein großes Privileg.

Y wie Ypperlig: Ypperlig heißt eine Möbel- und Designlinie, die als Zusammenarbeit zwischen IKEA und dem dänischen Designunternehmen HAY entstanden ist. Sie ist zeitlos skandinavisch schön, hell, freundlich und gemütlich. Sie steht hier nur als Beispiel. Welchen Einrichtungsstil auch immer Sie verfolgen, schauen Sie darauf, dass Sie sich in Ihrem neuen Zuhause wohlfühlen. Stiefmütter leiden oft darunter, dass sie keinen Platz für sich haben – im übertragenen, aber auch im wortwörtlichen Sinn. Sie stellen sich hintan, hinter dem Partner, hinter den Stiefkindern, hinter den eigenen Kindern. Das beginnt mit der Raumaufteilung. Haben Sie einen Platz für sich? Können Sie sich zurückziehen? Auch wenn die Stiefkinder da sind? Hat Ihr Schlafzimmer eine Tür, die man versperren kann? Haben Sie auch noch ein Paarleben, wenn die Kinder da sind? Wenn Sie mehr als eine Frage mit Nein beantworten müssen, ändern Sie etwas.

Z wie Zeit: Zeit ist die größte Verbündete aller Stiefmütter. Zusammenwachsen, zusammenfinden, die eigene und die anderen Positionen und Rollen finden und erkennen braucht Zeit. Während andere Paare neun Monate Schwangerschaft durchleben, voller Erwartungen und Gedanken, was sein wird, bekommt man als Stiefmutter eine fertige Familie serviert. Vier bis fünf Jahre, sagen alle Experten, braucht es, bis sich Routine und Zufriedenheit einstellen. Also nur ja nicht zu früh aufgeben. Aber auch nicht zu überstürzt reinkippen. Wer zuvor ein selbstbestimmtes Singleleben geführt hat, wird vom ganz gewöhnlichen Familientrubel schnell genervt sein. Kinder sind laut, sie sind tendenziell unordentlich, sie rangeln um die Gunst ihrer Eltern, sie sind clevere Verhandler und erkennen Zögern und Schwächen instinktiv und nutzen es aus. Mit einem Wort: Mit ihnen zu leben ist anstrengend und erfordert eine ganz andere Art von Selbstdisziplin als die Selbstmanagement-Single-Daseinsdisziplin. Also lieber langsam daran gewöhnen.

7. Epilog

Es braucht eine gute Stiefmütterbewegung. Eine Lobby für all die Frauen, die sich in Familien, Partnerschaften und Patchworkkonstellationen um Kinder kümmern. Sie sind Heldinnen des Alltags, Heldinnen der wunderschönen Idee von sozialer Verwandtschaft, also von Verantwortung-füreinander-Übernehmen, auf Dauer, auf Augenhöhe, in wechselseitiger Anerkennung und Liebe. Sie sind Heldinnen unserer postfamilialen Welt, in der Blut und Biologie nicht mehr alles sind, in der Kinder in einem Lebenskontext, in einer Kernfamilie geboren werden, aber möglicherweise in einer anderen aufwachsen und erwachsen werden. Solche Biografien, so sehr sie Konservative bedauern und beklagen mögen, sind heute schon ein wesentlicher Teil unserer Realität, ein Blick auf die Scheidungsraten, die einschlägigen Familienberichte und die soziologische Forschung genügt. Sie sind, mehr noch, eine Art Rückkehr zu den vielfältigen, flexiblen und am Ende auch gestalterischen Familienformen, wie sie vor Erfindung der »klassischen Kernfamilie« mit ihrem tendenziell patriarchalen Vater und ihrer tendenziell häuslichen Mutter als Idealform der industriellen Gesellschaft gängig und normal waren. Eine Neubewertung ist also aus vielen Gründen längst überfällig.

Die Stiefmütterbewegung kämpft, wie jede gesellschaftspolitische und in dem Fall natürlich auch feministische Bewegung, zuerst einmal um Anerkennung und Rechte. Sie will weg vom überkommenen Bild der Stiefmutter als partnerschaftliche Notlösung, als zweite Wahl, als bedauernswerter Kompromiss, als Antipode zum Klischee der guten, aufopfernden, natürlichen Mutter. Deshalb erfindet sie neue Wörter. Wörter prägen unsere

Sicht der Welt, sie schaffen gedankliche Rahmen in unserem Kopf, Linguisten nennen es »Framing«. Das Wort Stiefmutter ist ein Paradefall für ein dringend nötiges »Reframing«. Wer soll schon Wertschätzung, Lob und Applaus bekommen, der mit so einem furchtbar belasteten Etikett behängt ist?

Deshalb kämpft die Stiefmütterbewegung – die natürlich nicht so heißt – in Anlehnung an das französische »belle-mère« oder »belle-maman« auch im Deutschen für neue Formulierungen. Gutmutter, Liebmutter, Schönmutter – noch lässt sich nicht abschätzen, welcher der von der Bewegung konsequent verwendeten Begriffe sich in naher Zukunft in Deutschland, Österreich und der Schweiz durchsetzen wird. Aber das Ziel der Bewegung ist natürlich, dass »Stiefmutter« immer mehr als altmodisch und abwertend angesehen wird und nur noch dann Verwendung findet, wenn man eine »böse« Gutmutter beschreiben möchte.

Diese – nennen wir sie also – Gutmütterbewegung setzt sich natürlich auch für einen Gutmuttertag ein, so wie es ihn in den USA schon gibt. Also einen Tag, an dem Gutmütter von ihren Familien eine Grußkarte, einen Ausflug, Anerkennung geschenkt bekommen, so wie es am Mutter- und Vatertag vielfach auch passiert. Das mag zwar ein wenig populistisch sein, aber die Wirkungsmacht der Geschenke- und Festtagsbewusstseinsindustrie ist eben nicht zu vernachlässigen, wenn es um die Etablierung neuer gesellschaftlicher Ideale geht. Noch dazu solcher, die über mehr als zwei Jahrhunderte hinweg eher schlechte PR hatten. Erste kleine Konsumerfolge sind schon sichtbar. Es gibt die üblichen Grußkarten, Torten, Kaffeehäferln und Schokoladen nun auch mit Gutmutter-Motiv, auch die Werbung greift das Thema immer öfter auf.

Ein weiterer wichtiger Verbündeter der Gutmütterbewegung sind die Psychologie- und Therapeutenvereinigungen. Vereinzelt gibt es ja heute schon Familien- und Psychotherapeuten, die sich speziell um die sehr komplexe Situation von Gutmüttern kümmern. In ihnen kommt so viel zusammen, was moderne Familiensituationen ausmacht. Sie sind oft der wichtigste Anker der

Patchworkfamilien, sie tragen die doppelte und die dreifache Last, gleichzeitig sind sie auch Tabubrecherinnen und Infragestellerinnen der »alten« Familienstrukturen und geraten deswegen schneller unter Druck als etwa die biologische Mutter oder der biologische Vater. So inspiriert die Gutmütterbewegung sukzessive Psychologen und Therapeuten, spezifische Angebote für diese neue, interessante und auch sehr für Unterstützung von außen offene Zielgruppe zu etablieren.

Und das wirkt sich wiederum auf die Rechtslage positiv aus, auch wenn eine Reform des veralteten Eherechtes sicherlich das anspruchsvollste und schwierigste Ziel der Gutmütterbewegung ist. Aber hier ergeben sich interessante Allianzen, vor allem mit jenen Lobbyinggruppen, die für das Wechselmodell und für mehr Väterrechte in diesem Kontext kämpfen. Als ein Erfolg der Gutmütterbewegung wird später einmal gelten, dass sie maßgeblich mitgeholfen hat, dass nach der Trennung von Eltern nicht automatisch Alltagsmütter und Wochenendväter übrig bleiben, sondern zwei gleichberechtigte Eltern. Bei den biologischen Eltern bleibt natürlich das »große Sorgerecht«, also grundsätzliche Erziehungs- und Lebensplanungsfragen. Guteltern wird ein neues »Sorgerecht« zugestanden, das das »kleine Sorgerecht«, das sehr defensiv formuliert war, ersetzt und der Verantwortung, die sie im Alltag gegenüber ihren Gutkindern übernehmen, gerecht wird.

Die Buchverlage und Medien lieben das Thema Gutmutter. Und zwar in einer realistischen Art und Weise, fernab der Hollywood-Vorzeigepaare. Journalistinnen und Journalisten spüren gesellschaftlichen Wandel oft früher als andere, sie haben gute Sensoren für aufkommende Themen. Gutmutter-Kolumnen und -Berichte werden populär. Auch die zeitgenössische Literatur widmet sich den Gutmüttern, fernab des alten Stiefmütter- und »Hilfe, ich heirate eine Familie«-Klimbims der Jahrtausendwende. In den Buchhandlungen müssen Gutmütter also nicht mehr in allgemeinen Erziehungs-, Familien- und Patchworkratgebern stöbern, um etwas für sich, und zwar nur für sich, ihre Situation, ihren Blickwinkel Geschriebenes zu finden.

Langsam entsteht ein eigenes Gutmutter-Buch-Genre, mit Romanen, historischen, soziologischen und kulturhistorischen Readern zum Thema, klassischen Ratgebern und, besonders beliebt, Gutfamilien-Etikette-Reihen. Vieles davon sind Übersetzungen aus dem amerikanischen Raum, in dem Fragen zu Patchwork und vor allem zur Rolle der Gutmutter bereits seit dreißig Jahren besser erforscht und auch populärwissenschaftlich aufgearbeitet wurden. Aber auch deutsche Wissenschaftlerinnen und Wissenschaftler publizieren nun verstärkt dazu.

Alle diese Bücher und Beiträge helfen natürlich mit, allgemein anerkannte gesellschaftliche Regeln im Umgang mit Gutfamilien – wie Stieffamilien dann genannt werden – zu etablieren. Das ist besonders wichtig, weil es viel von der Verunsicherung, dem Misstrauen und den Vorurteilen nimmt, die den alten Umgang mit diesen Phänomenen geprägt haben.

Es geht sogar so weit, dass eine Gutmutter – und einen Gutvater – zu haben nicht als Schicksal, sondern als Glück angesehen wird und sich eigene Redensarten etablieren. »Gutmütterlich« wird jetzt als Synonym für »sorgend«, »verlässlich«, »entspannt«, »cool«, »nett«, »angenehm« und »geradlinig« verwendet.

Alles nur eine schöne Utopie? Nein, machbar, schon in naher Zukunft. Es braucht nur eine gute Stiefmütterbewegung.

Danksagung

Ich danke den vielen Stiefmüttern, die mit mir für dieses Buch ihre Geschichten geteilt haben und meinem Lektor Josef Weilguni, der mein Manuskript sehr sorgfältig bearbeitet hat. Mein Kollege Robert Treichler hat mir bei der korrekten Übersetzung der französischen Begriffe »belle-mère« und »belle-maman« sehr geholfen, meine Eltern Hana und Ladislaus bei der Einordnung tschechischer und ungarischer Redensarten. Ohne meine Kinder, die echten wie die erbeuteten, wäre dieses Buch nie entstanden. An sie und an ihre Väter geht das größte Danke, für alles.

Literatur

Natalie Angier: Frau: Eine intime Geographie des weiblichen Körpers. München 2000.

Philippe Ariès: Geschichte der Kindheit. München 1994.

Philippe Ariès, George Duby: Geschichte des privaten Lebens. Von der Revolution zum Großen Krieg. Augsburg 2000.

Philippe Ariès, George Duby: Geschichte des privaten Lebens. Von der Renaissance bis zur Aufklärung. Augsburg 2000.

Philippe Ariès, George Duby: Geschichte des privaten Lebens. Vom Ersten Weltkrieg bis zur Gegenwart. Augsburg 2000.

Elisabeth Badinter: Die Mutterliebe. Geschichte eines Gefühls vom 17. Jahrhundert bis heute. München 1984.

Ulrich Beck, Elisabeth Beck-Gernsheim: Riskante Freiheiten. Frankfurt am Main 1994.

Anne C. Bernstein: Yours, Mine and Ours: How Families Change When Remarried Parents Have a Child Together. New York 1991.

Sally Bjornsen: The Single Girl's Guide to Marrying a Man, His Kids and His Ex-Wife. Becoming a Stepmother with Humor and Grace. New York 2005.

The Boston Women's Health Book Collective: Unser Leben, Unser Körper. Reinbek bei Hamburg 1981.

Bundesministerium für Familie, Senioren, Frauen und Jugend (Hg.): Stief und Patchworkfamilien in Deutschland (Monitor Familienforschung Bd. 31). Berlin 2013.

Bundesministerium für Wirtschaft, Familie und Jugend (Hg.): 5. Familienbericht 1999–2009. Die Familie an der Wende zum 21. Jahrhundert. Wien 2010.

Cherie Burns: Stepmotherhood: How to Survive Without Feeling Frustrated, Left Out, or Wicked, Revised Edition. New York 2001.

Elizabeth Church: Understanding Stepmothers: Women Share Their Struggles, Successes and Insights. Toronto 2004.

Martin Daly, Margo Wilson: The Truth about Cindarella: A Darwinian View of Parental Love. New Haven 1998.

Karin Frei: Gute böse Stiefmutter: Sieben Porträts und ein Leitfaden. Zürich 2005.

Katharina Grünewald: Glückliche Stiefmutter. Freiburg im Breisgau 2015.

Sarah Blaffer Hrdy: Mother Nature. A History of Mothers, Infants, and Natural Selection. New York 1999.

C. G. Jung: Archetypen. München 2001.

Jesper Juul: Aus Stiefeltern werden Bonuseltern: Chancen und Herausforderungen für Patchwork-Familien. München 2011.

Ute Kissling: How to Survive als Stiefmutter. Vom glücklichen Leben mit Beutekindern und Bonusfamilie. Berlin 2017.

Remo H. Largo, Monika Czerin: Glückliche Scheidungskinder. Was Kinder nach der Trennung brauchen. München / Berlin 2014.

Felicitas von Lovenberg: Und plötzlich war ich zu sechst. Aus dem Leben einer ganz normalen Patchwork-Familie. Frankfurt am Main 2014.

Nan Bauer Maglin, Nancy Schniedewind: Women and Stepfamilies: Voices of Anger and Love. Philadelphia 1989.

Wednesday Martin: Stepmonster. A New Look at Why Real Stepmothers Think, Feel and Act the Way We Do. Boston 2009.

Marie O. Métral: Die Ehe. Analyse einer Institution. Frankfurt am Main 1981.

Melanie Mühl: Die Patchworklüge. Eine Streitschrift. München 2011.

Pearl Prilik: The Art of Stepmothering. Waco 1994.

Pearl Prilik: Stepmothering: Another Kind of Love. o. O. 1988.

Birgit Schmid: Diese innige, tödliche Mutterliebe. In: NZZ Geschichte 1/2015. S. 68–81.

Marjorie Shostak: Nisa: The Life and Words of a !Kung Woman. London 1981.

Susan Stewart: Brave New Stepfamilies: Diverse Paths Toward Stepfamily Living. London 2007.

Barbara Thiessen, Paula-Irene Villa (Hg.): Mütter – Väter: Diskurse, Medien, Praxen. Münster 2009.
Barbara Vinken: Die deutsche Mutter. Der lange Schatten eines Mythos. München 2001.
Eckart Voland: Die Natur des Menschen: Grundkurs Soziobiologie. München 2007.
Patricia Watson: Ancient Stepmothers: Myth, Misogyne and Reality. Leiden 1997.
Ulrike Zartler: Children's imagined future families: Relations between future constructions and present family forms in Austria. Childhood, 22(4)/2015, S. 520–535.
Ulrike Zartler: Das Familienbild des ABGB und die Lebenssituation von Scheidungs- und Nachscheidungsfamilien. In: Beiträge zur Rechtsgeschichte Österreichs, 2(1)/2012, S. 44–56.
Ulrike Zartler: How to Deal With Moral Tales: Constructions and Strategies of Single-Parent Families. Journal of Marriage and Family, 76(3)/2014, S. 604–619.
Ulrike Zartler: Die Kernfamilie als Ideal. Zur Konstruktion von Scheidung und Nachscheidungsfamilien. Zeitschrift für Familienforschung, 24(1)/2012, S. 67–84.
Ulrike Zartler, Liselotte Wilk: Dynamiken und Veränderungen im Familienverlauf: Scheidung und Trennung. In: BMWFJ (Hg.): 5. Familienbericht 1999–2009. Bd. 1, S. 443–502.

Michael Laczynski

AUGEN AUF UND DURCH

Gebrauchsanweisung für unruhige Zeiten

ISBN 978-3-205-20656-9

Wie schafft man es, Diskussionen um Flüchtlinge, Abstiegsängste und Fake News zu führen, ohne dass die Debatte eskaliert? Wie geht man um mit faktenresistenten Besserwissern? Wie findet man sich im Mediendickicht zurecht und was muss man wissen, um sich von Populisten kein X für ein U vormachen zu lassen? Michael Laczynskis heiter-ironischer Leitfaden hilft, gelassen durch unruhige Zeiten zu navigieren.